In Zusammenarbeit mit

Kinder dieser Welt

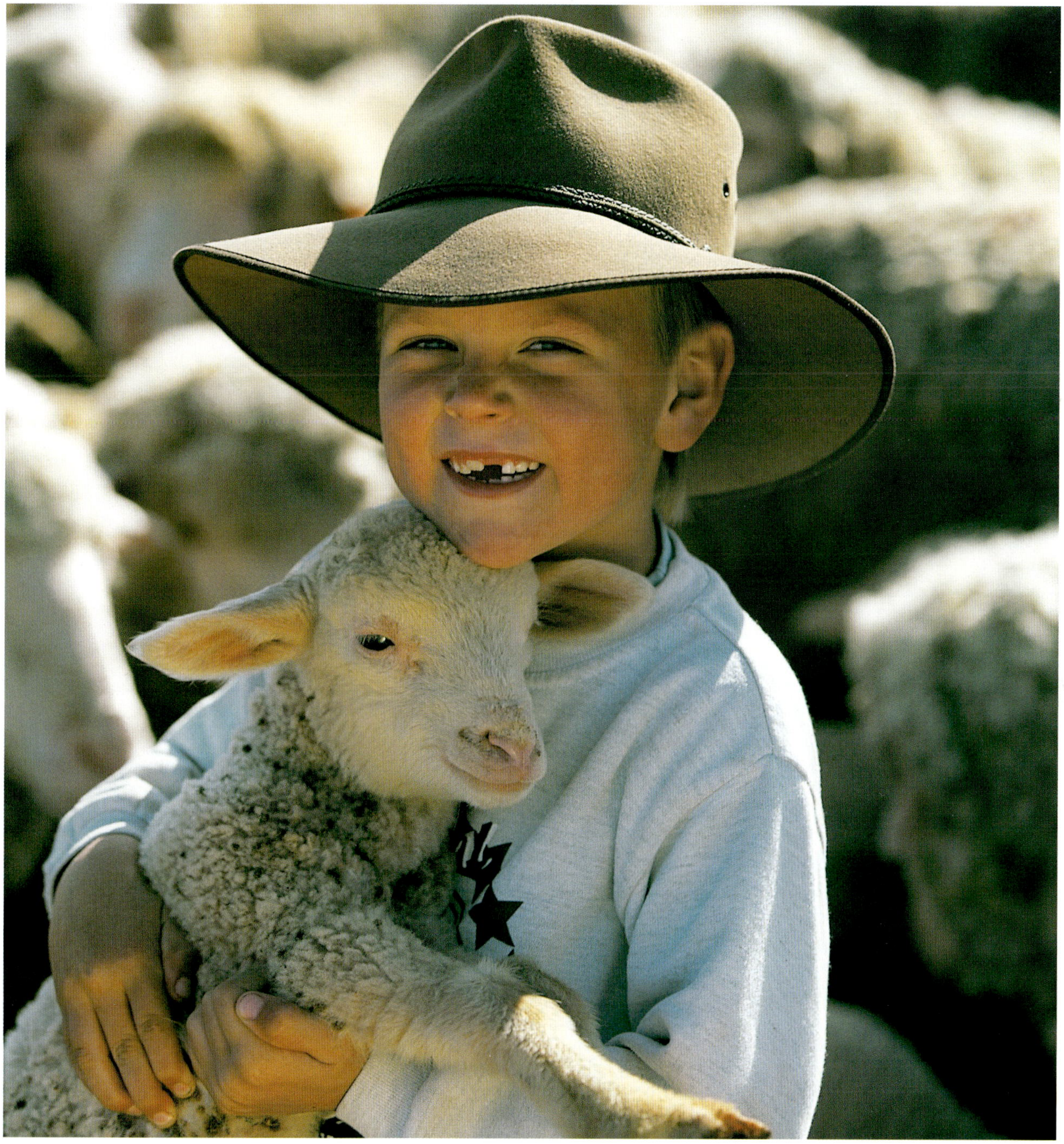

Dorling Kindersley

DK

DORLING KINDERSLEY
London, New York, München, Melbourne, Delhi

UNICEF-Berater Arati Rao
Lektorat Amanda Rayner
Bildredaktion Claire Penny
Projektbetreuung Zahavit Shalev
Bildbetreuung Laura Roberts, Venice Shone
Recherche Lisa Magloff
Designassistenz Abbie Collinson

Design-Beratung Jane Bull
Cheflektorat Sue Leonard
Chefbildlektorat Cathy Chesson
Programmleitung Mary Ling
Bildrecherche Angela Anderson, Sarah Pownall
Covergestaltung Sophia Tampakopoulos, Barbara Weishaupt
Herstellung Silvia La Greca Bertacchi, Shivani Pandey
DTP-Design Almudena Díaz

Bibliografische Information Der Deutschen Bibliothek
Die Deutsche Bibliothek verzeichnet diese Publikation in
der Deutschen Nationalbibliografie;
detaillierte bibliografische Daten sind im Internet über
http://dnb.ddb.de abrufbar.

Titel der englischen Originalausgabe:
A life like mine

Übersetzung Cornelia Panzacchi
Redaktion Carola von Kessel

ISBN 978-3-8310-2098-0

Printed and bound in China by Hung Hing
Colour reproduction by GRB Editrice, Italy

Besuchen Sie uns im Internet
www.dorlingkindersley.de

Grußwort

„Kinder haben Rechte!" Es ist schlimm genug, dass es offenbar nötig ist, noch in unserer Zeit an diese Aussage zu erinnern. Jedes Mädchen und jeder Junge hat das Recht auf Gesundheit und Nahrung, auf Schutz und auf Bildung, das Recht zu spielen, sich frei zu äußern – und viele Rechte mehr. So steht es in der „Konvention über die Rechte des Kindes" der Vereinten Nationen, die fast alle Staaten der Erde unterzeichnet haben. In der Wirklichkeit ist alles anders: Kinder werden weltweit als Erste ausgebeutet, ihre Rechte werden verletzt und sie werden nach ihrer Meinung, wenn überhaupt, als Letzte gefragt.

In diesem Buch lernen wir Kinder aus aller Welt kennen und erfahren etwas von ihrem Leben und über die Länder, aus denen sie kommen. Viele haben so schlimme Erlebnisse hinter sich wie Isa aus Sierra Leone. Er wurde während des Bürgerkrieges verschleppt und kam erst nach zwei langen Jahren wieder frei. Internationale Hilfsorganisationen haben sich seiner angenommen und ihm dabei zu helfen versucht, seine traumatischen Erfahrungen zu verarbeiten und mit ihnen umzugehen. Er hat wie viele der anderen Kinder, von denen in diesem Buch die Rede ist, nicht aufgegeben. Sie alle haben Träume und Pläne und Ziele zurückgewonnen. Isa zum Beispiel möchte Arzt werden.

Von solchen Kindern zu lesen und zu erfahren, das kann Mut machen und Hoffnung geben. Mut zum Handeln und die Hoffnung darauf, dass die Welt von morgen menschlicher und besser ist als die, die wir kennen und von der in diesem Buch die Rede ist.

Christina Rau
Ehemalige Schirmherrin UNICEF Deutschland

UNICEF, das Hilfswerk der Vereinten Nationen, will Kindern ein gesundes und ein glückliches Leben ermöglichen. Deshalb unterstützt UNICEF Programme zur Verbesserung der Gesundheit, der Ausbildung, der Ernährung und der Wasserversorgung. UNICEF kümmert sich um Kinder, die unter Kriegen oder Naturkatastrophen leiden müssen. Alle Aktivitäten von UNICEF orientieren sich an der Konvention über die Rechte des Kindes, wie die Vereinten Nationen sie beschlossen haben.

www.unicef.de

 # 1. Überleben

 # 2. Entwicklung

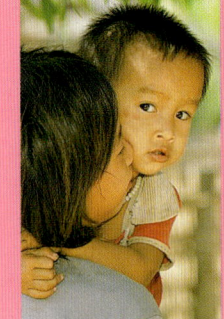 # 3. Schutz

 # 4. Beteiligung

Inhalt

Wer lebt wo?

In diesem Buch lernst du Kinder aus der ganzen Welt kennen. Obwohl sie auf den ersten Blick sehr verschieden zu sein scheinen, haben alle das gleiche Ziel: ein glückliches Leben zu führen. Auf den folgenden Seiten erfährst du mehr über ihren Alltag, ihre Gedanken und ihre Wünsche für die Zukunft.

Natalie

Die 9-jährige Natalie lebt in Bedfordshire in Großbritannien. Me[hr] über sie erfährst du auf Seite 42.

Taralyn

Taralyn ist 10. Sie lebt in der Nähe von Seattle in den USA. Du triffst sie auf Seite 120.

USA

Isa

Isa ist 10 Jahre alt. Er lebt in Sierra Leone. Besuche ihn auf Seite 88.

KOLUMBIEN

CJ

CJ ist 13 Jahre alt. Er lebt in Atlanta in den USA. Auf Seite 96 lernst du ihn besser kennen.

Kinder der Welt

Zurzeit leben ungefähr 7 Milliarden Menschen auf der Erde. Über 2 Milliarden sind jünger als 18.

Mehr als 210 Millionen Kinder im Alter von 5 bis 14 Jahren müssen arbeiten. Über die Hälfte von ihnen arbeitet bereits ganztags oder ist bei der Arbeit verschiedenen Gefahren ausgesetzt.

Alljährlich sterben fast 11 Millionen Kinder unter 5 Jahren an vermeidbaren Krankheiten.

Mayerly

Mayerly ist jetzt 18. Sie lebt in Bogotá in Kolumbien. Besuche sie auf Seite 126.

Ivana

Ivana ist 12 Jahre alt. Sie lebt in Pristina im Kosovo. Auf Seite 72 erfährst du mehr über sie.

Eli

Eli ist 15. Er lebt im Yemin-Orde-Jugenddorf in Israel. Besuche ihn auf Seite 112.

Nadin

Nadin ist 11. Sie lebt im Lager Kalandia in den Palästinensischen Autonomiegebieten. Besuche sie auf Seite 34.

Najaha & Abdisukri

Najaha ist 10 und Abdisukri ist 9. Sie leben in Tilburg in den Niederlanden. Besuche sie auf Seite 108.

Maria

Maria ist 9. Sie lebt in Kabul in Afghanistan. Triff sie auf Seite 54.

Nou

Die 9-jährige Nou lebt in Ponsavanh in Laos. Besuche sie auf Seite 16.

Mahasin

Mahasin ist 9. Sie lebt in Tambisco im Sudan. Besuche sie auf Seite 32.

Sbongile

Die 10-jährige Sbongile lebt in Kapstadt in Südafrika. Lerne sie auf Seite 52 besser kennen.

Vincent

Vincent ist 15 Jahre alt. Er lebt in Ruanda. Triff ihn auf Seite 24.

Sibasish

Sibasish ist 13 Jahre alt. Er lebt in Kalkutta in Indien. Auf Seite 124 erfährst du mehr über ihn.

Arif

Arif ist 12. Er lebt in Dhaka in Bangladesch. Besuche ihn auf Seite 80.

Michael

Michael ist 6 Jahre alt. Er lebt auf der Farm Lake Torrens Station in Australien. Auf Seite 62 erfährst du mehr über ihn.

GROSS-BRITANNIEN

NIEDER-LANDE

KOSOVO

ISRAEL UND PALÄSTINEN-SISCHE AUTO-NOMIEGEBIETE

AFGHANISTAN

SUDAN

SIERRA LEONE

RUANDA

INDIEN

BANGLADESCH

LAOS

AUSTRALIEN

SÜDAFRIKA

1. Überleben

Jedes Kind sollte sauberes **Wasser** trinken können.

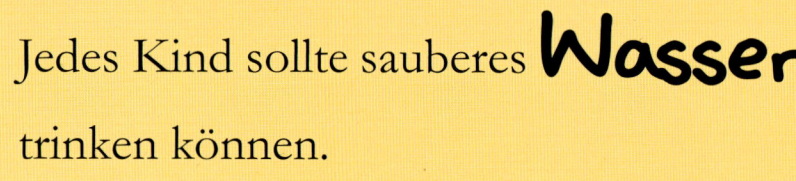

Jedes Kind sollte genügend gesunde **Nahrung** zur Verfügung haben.

Überleben – Hauptwort; überleben – Tätigkeitswort: 1. am Leben bleiben, weiterleben; 2. trotz schwieriger Umstände am Leben bleiben, überdauern, aushalten.

Das **Zuhause** sollte ein Ort sein,

an dem sich ein Kind wohl und sicher fühlt.

Jedes Kind hat ein Recht auf **Gesundheit**,

um ein aktives und erfülltes Leben zu führen.

Wasser für alle

waschen, Zeremonien feiern, trinken,

Wasser ist Leben

Ohne Wasser gäbe es auf der Erde kein Leben.
Wasser ist der kostbarste Schatz unseres Planeten.
Ohne Wasser können wir Menschen nur wenige Tage überleben.
Wir benutzen ständig Wasser, ohne darüber nachzudenken. In manchen Ländern braucht man dafür nur den Hahn aufzudrehen. Doch das ist nicht für alle Menschen selbstverständlich.

Gemüse anbauen, schwimmen, spielen

Wie viel Wasser gibt es?

Über 70% der Erde sind von Wasser bedeckt.

Stell dir vor, es gäbe plötzlich keine Wasserhähne mehr. **Was würdest du tun?**

• **Wie viele Menschen** auf der Welt müsstest du das Wasser aus Flüssen, Seen oder öffentlichen Brunnen holen.

• **Wasser hält uns am Leben.** Wir trinken es, waschen uns damit und nutzen es in der Landwirtschaft. Auch um Häuser zu bauen und Fabriken zu betreiben, braucht man Wasser.

• **97% des Wassers auf der Welt sind salzig.** Der größte Teil des Süßwassers ist Grundwasser tief unter der Erde oder in Gletschern gebunden. Nur 1% davon ist für uns zugänglich – und das könnte für alle reichen.

Wie viel **Wasser** verbrauchst du?

In manchen Ländern müsstest du jeden Tag mit einem einzigen Eimer Wasser auskommen.

Wenn du zweimal am Tag beim Zähneputzen das Wasser laufen lässt, verbrauchst du so viel Wasser.

Dreimal zur Toilette gegangen – und so viel Wasser ist verbraucht.

Einmal in der Badewanne

Fabriken verbrauchen sehr viel Wasser. So viel benötigt

Selbst das verfügbare 1% der Süßwasservorräte kann man nicht immer trinken.

Es gibt also genügend Wasser für alle?
Ja! Doch es gibt auch einige Probleme ...

- **Zu wenig Regen:** Jeden Tag fällt so viel Regen, dass er die Welt mit einer 80 cm hohen Wasserschicht bedecken könnte. Das sollte für alle reichen. Das Problem ist nur, dass es in manchen Gegenden mehr regnet als in anderen.

- **Schlechtes Wasser:** Täglich sterben 14 000 Menschen durch Wasser, das gefährliche Chemikalien oder ungereinigte Abwässer enthält. 1 Million Kinder sterben jedes Jahr wegen schmutzigen Wassers an Durchfall.

- **Zu viel Regen:** In vielen fruchtbaren Anbaugebieten kommt es zu Überschwemmungen, die Häuser zerstören und das Trinkwasser verschmutzen. Als Folge davon breiten sich Krankheiten aus.

- **Wüsten:** 14% der Erde sind von Wüsten bedeckt, die immer größer werden. Dort regnet es kaum oder gar nicht. Die Menschen müssen lange Wege zurücklegen, um Wasser für sich, ihr Vieh und ihre Felder zu holen.

Wasserfakten

Ob du es glaubst oder nicht: Du bestehst zu 75% aus Wasser!

Ohne Wasser kann man nicht länger als drei Tage überleben.

Sogar unsere Knochen sind zur Hälfte aus Wasser.

Das muss zum **Trinken**, **Waschen** und **Kochen** reichen.

Das ist die **gesamte Tagesration** vieler Menschen.

= 10 Liter

baden verbraucht so viel Wasser.

Waschmaschinen brauchen für eine Waschladung bis zu 120 Liter.

eine Fabrik, um **ein Paar Schuhe** herzustellen.

Meerwasser können wir nicht trinken: Es enthält zu viel Salz.

Wasser weltweit

Diese Kinder haben Zugang zu sauberem, fließendem Wasser. Allerdings müssen es die meisten von ihnen täglich für ihre Familien ins Haus holen. Das ist schwere Arbeit.

Afghanistan Zwei Jungen holen an einer Pumpe Wasser. In dieser Gegend herrscht oft Trockenheit. Deshalb sind Pumpen sehr wichtig. Die Menschen mussten die Handhabung von Pumpen und den hygienischen Umgang mit Wasser erlernen.

Dieses afghanische Dorf wurde in einem Krieg in den 1980er Jahren zerbombt. 2002 war es noch nicht wieder aufgebaut.

Das Wasser trägt man in Eimern.

Indien Zwei Mädchen gehen mit Behältern zu einem öffentlichen Brunnen. Sie werden sie mit Wasser füllen und dann nach Hause tragen. Die Mächen nehmen jedes Mal so viele Behälter wie möglich mit. Sie tragen die größten auf dem Kopf und die kleineren mit den Händen. Ein Stoffring auf dem Kopf gibt den Krügen besseren Halt.

☀ ... Ein 10-Liter-Krug voller Wasser wiegt etwas über 10 kg. Das ist sehr schwer – etwa so schwer wie ein einjähriges Kind.

Niederlande Najaha holt sich am Wasserhahn in der Küche ein Glas Wasser. Auf dieser Seite ist sie die Einzige, die zum Wasserholen nicht aus dem Haus zu gehen braucht.

☀ ... Wie viele Wasserhähne gibt es bei dir zu Hause? Was würde sich ändern, wenn ihr nur noch einen Wasserhahn hättet? Was wäre, wenn du zum Wasserholen rausgehen müsstest? Wenn erst ein paar Straßen weiter ein Brunnen wäre?

Jamaika Ein Mädchen füllt an einem öffentlichen Hahn seinen Eimer. Das ist natürlich nicht so gut, wie fließendes Wasser im Haus zu haben. Aber es ist immer noch besser, als das Wasser aus einem Fluss oder See schöpfen zu müssen. Am Brunnen trifft man auch viele Bekannte.

☀ ... Das Grundwasser wird aus tiefen Erdschichten in die Leitung gepumpt. Um daraus Trinkwasser zu machen, wird es von Schmutz und Keimen gereinigt. Sonst wäre es nicht gesünder als Flusswasser.

Wasser strömt heraus!

Nou

Vor zwei Jahren wurde in Nous Dorf
in Laos eine Pumpe aufgestellt. Vorher
musste man das Wasser aus einem
Bach holen. Die Leute wurden
davon oft krank.

BEVOR ES DIE PUMPE GAB

Ein Bach versorgte Nous Dorf mit
Wasser. Das Wasser war nicht sauber,
aber es gab kein besseres. Drei Monate
im Jahr führte der Bach gar kein Wasser.
Die Menschen gruben im Bachbett
danach, aber es war immer schlammig.

„Jetzt, wo unser
Trinkwasser sauber ist, werden
die Menschen seltener krank und
müssen nicht mehr so viel Geld
für den Arzt ausgeben."

Laos

Laos ist ein bergiges Land mit
großen Wäldern, in dem Monsunklima herrscht. Je nach Jah-
reszeit kommt es oft zu Überschwemmungen oder Dürren.

WASSER HOLEN

In Laos werden die Kinder zum
Wasserholen geschickt. Nou und ihre
Freundinnen mussten oft zum Bach
gehen und versäumten dafür manchmal die Schule.

„Ich hatte
meine eigenen Eimer.
Sie waren kleiner als
die meiner großen Schwester."

DER WEG ZUM BACH

Der Weg zum Bach führte über einen steilen Hang und eine wackelige Brücke. In 10 Minuten war man dort, 20 Minuten dauerte der Heimweg mit den vollen Eimern.

☀ ... „Ich holte zweimal am Tag Wasser aus dem Bach. Dabei unterhielt ich mich mit meinen Freundinnen. Wir redeten beim Gehen, auch wenn unsere Eimer schwer waren."

ZEITGEWINN

Jetzt, wo mitten im Dorf eine Pumpe steht, haben alle mehr Zeit – Nou zum Spielen und ihre Mutter, um auf den Feldern mitzuarbeiten.

☀ ... „Das Wasserholen ist so einfach geworden. Wann immer ich will, bringe ich einen Eimer mit."

WÄSCHE

Die Wäsche wird immer noch im Bach gewaschen. Neuerdings gibt es aber richtige Toiletten. Auch Nous Vater und ihr Bruder haben eine gebaut.

☀ ... „Dach und Wände unserer Toilette sind aus Schilf und Blättern. Vom Haus zur Toilette ist es nicht weit."

SCHULGARTEN

Es wäre zu umständlich gewesen, einen Schulgarten mit Flusswasser zu versorgen. Jetzt steht die Pumpe auf dem Schulhof und die Pflanzen im Schulgarten können jederzeit gegossen werden.

☀ ... „In unserem Garten wachsen auch Blumen. Wir gießen sie jeden Tag."

„Das Leben wurde leichter!"

Jedes Kind braucht

Nahrung

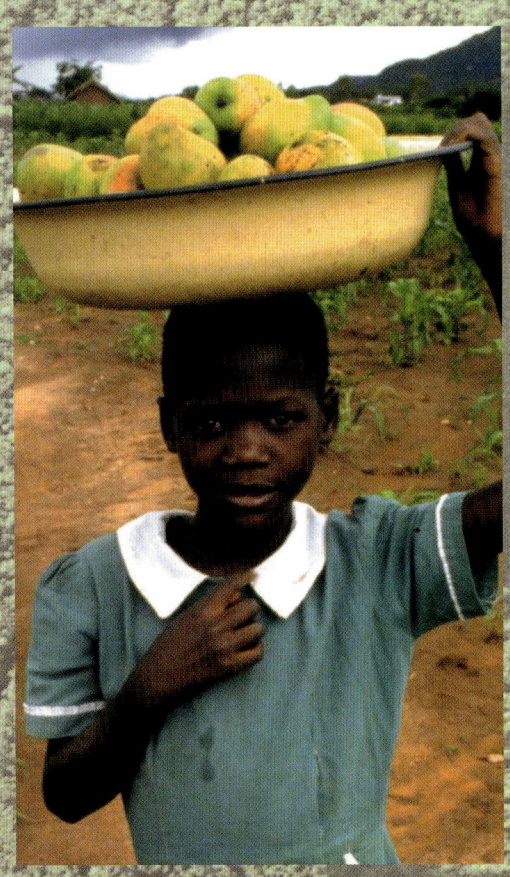

Gesundheit, Überleben, Wachstum,

Nahrung ist unser Brennstoff

Wir essen, um zu überleben.

Wir genießen Geschmack, Geruch und die Geselligkeit des Essens. Zu den meisten Festen gehört ein gemeinsames Mahl. Während in reichen Ländern viele Menschen durch zu viel Essen krank werden, haben viele Menschen in armen Ländern kaum genug Nahrung, um zu überleben.

Freude, Kraft, Energie

Warum brauchen wir Nahrung?

14% aller Menschen gehen abends hungrig ins Bett.

14 %

Hast du schon einmal versucht, zu spielen, wenn du **hungrig** warst?

● **Wenn Kinder nicht genug** zu essen bekommen, haben sie nicht die Energie, die sie zum Spielen, Lernen oder Arbeiten brauchen. Sie wachsen nicht richtig und sind anfälliger für Krankheiten.

● **Unterernährung** bedeutet, nicht genug von der Nahrung zu bekommen, die man braucht. Dadurch können Krankheiten verschlimmert werden.

● **Wenn Nahrung knapp ist,** geben manche Eltern ihren Söhnen mehr zu essen als ihren Töchtern, sodass die Mädchen stärker unterernährt sind.

Eiweiße

Was passiert, wenn wir uns nicht ausgewogen ernähren?

Jedes vierte Kind erhält zu wenig Eiweiße oder Kalorien

In Lebensmitteln wie Reis, Nudeln und Brot stecken vor allem Kohlehydrat

Jeder zweite Mensch erhält zu wenig Vitamine und Mineralien.

Vieles, was Zucker und Fette enthält, schmeckt gut.

Vitamine und Mineralien

Iss gesunde Nahrungsmittel!

Warum müssen Menschen hungern?

- **Umweltprobleme** wie Dürren und Überschwemmungen schädigen den Boden, sodass weniger wächst. Je stärker man geschädigten Boden nutzt, desto schlimmer werden die Probleme.

- **Krieg** vertreibt die Menschen aus ihrer Heimat und von ihren Feldern. Es wird weniger angebaut und geerntet. Im Krieg geben Regierungen Geld für Waffen statt für Nahrung aus.

- **Überweidung** durch Tiere schadet dem Boden und die Anbauerträge gehen zurück. Überfischung schadet nicht nur den Fischbeständen, sondern auch anderen Tieren und Pflanzen.

- **In manchen Ländern** haben viele Menschen nicht genug Geld, um Felder und Geräte für die Landwirtschaft zu kaufen. Je weniger Nahrungsmittel angebaut werden, desto teurer werden sie.

Viele arme Menschen müssen fast ihr gesamtes Geld für Essen ausgeben, sodass nur wenig für andere Bedürfnisse übrig bleibt.

Eine gute Idee?

Warum können wir hungernden Menschen nicht einfach unseren Überschuss schicken? Die Menschen würden nicht verhungern, aber die Probleme, die zur Not führen, wären auch nicht gelöst. Regierungen müssen dafür sorgen, dass alle Bürger genügend Nahrung kaufen oder anbauen können.

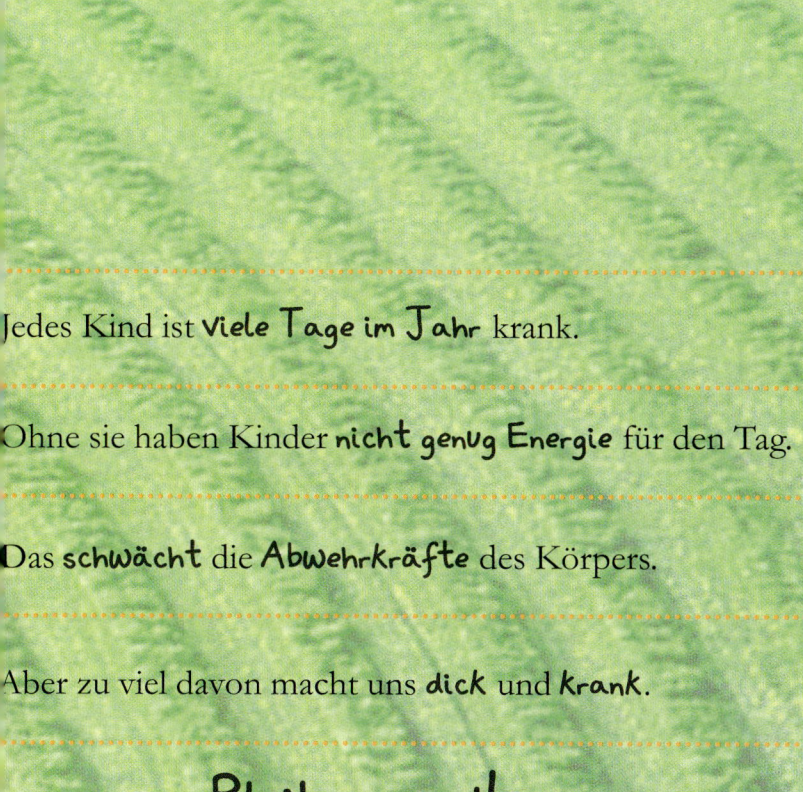

Kohlehydrate

Jedes Kind ist **viele Tage im Jahr** krank.

Ohne sie haben Kinder **nicht genug Energie** für den Tag.

Das **schwächt** die **Abwehrkräfte** des Körpers.

Aber zu viel davon macht uns **dick** und **krank**.

Bleib gesund!

Zucker und Fette

Wer isst was?

Grundnahrungsmittel spielen in unserer Ernährung eine wichtige Rolle. Das können Brot, Reis, Kartoffeln oder Nudeln sein. Wenn es nach Essen duftet, ist unser Hunger bald gestillt.

Großbritannien

Viele Briten lieben am Sonntag ein herzhaftes Mittagessen. Ein traditioneller Hauptgang besteht aus Roastbeef, Bratkartoffeln, Yorkshirepudding, Gemüse und Soße.

... Diese Mahlzeit isst man am Tisch von Tellern und mit Messer und Gabel. In England unterhält man sich beim Essen.

Vietnam In Südostasien gibt es viele Seen und Flüsse. Deshalb isst man hier sehr viel Fisch.

... In Asien enthalten die meisten Gerichte Reis oder Nudeln. Vietnamesen essen mit Stäbchen aus einer Schale.

Bangladesch Typische
Gewürze sind hier Salz, Koriander,
Kurkuma, Kreuzkümmel, Chili-
pulver, Knoblauch und Zwiebeln.

☀ ... In Bangladesch isst man
nur mit der rechten Hand. Beim Essen
wird wenig gesprochen.

Mosambik
Fufu ist in
Mosambik
die beliebteste
Beilage. *Fufu*
herzustellen ist
harte Arbeit.
Die Maiskörner
werden gekocht,
gestampft und so lange
gerührt, bis man einen
cremigen Brei erhält.

☀ ... Fufu kann aus
Mais, Süßkartoffeln oder
Kochbananen bestehen.
In anderen afrikanischen
Ländern nennt man diesen
Brei Sadza oder Ugali.

Maiskörner
(natürliche Größe)

Fufu

Vincent

Der 15-jährige Vincent lebt in Ruanda. Weil seine Eltern nicht mehr leben, sorgt er für seine jüngeren Geschwister. Vincent erledigt viele Hausarbeiten. Was die Familie braucht, baut er entweder selbst an oder kauft es.

Ruanda
Ruandas gemäßigtes Klima ist gut für die Landwirtschaft. Die meisten Leute bauen Nahrungsmittel sowie Tee und Kaffee zum Verkaufen an.

DEM. REP, KONGO — UGANDA — TANSANIA

RUANDA

BURUNDI

MITTAGESSEN KOCHEN
Donata Uwamahoro, Vincents 14-jährige Schwester, kocht das Mittagessen, während Vincent noch in der Schule ist.

„Mein älterer Bruder ist 32. Er lebt mit seiner Familie in der Nähe."

BANANEN UND ZIEGEN
Vincent baut auf seinem Land Bananen an. Er hält auch einige Ziegen. Ihr Kot dient als Dünger für die Pflanzen.

☀ . . . „Ich stehe auf, wenn es hell wird. Ich habe keine Uhr. Als Erstes schneide ich Gras für unsere Ziegen."

GEMÜSEGARTEN
Vincents Bruder hilft ihm, im Kohlbeet Unkraut zu jäten. Weil ihm das eine örtliche Organisation geraten hat, baut Vincent außerdem Tomaten und Süßkartoffeln an.

☀ . . . „Früher haben wir ein bisschen mit den Kaffeesträuchern verdient, aber sie tragen keine Früchte mehr. Jetzt jobbe ich nebenher."

WERKEN MIT HOLZ
Vincent lernt in einem Zentrum für Waisenkinder mit Holz zu arbeiten.

☀ . . . „Ich möchte Schreiner werden. Dann kann ich später Möbel herstellen und damit Geld verdienen."

GUT GEZÜNDET
Meist kocht Vincents Schwester. Die Geschwister helfen, indem sie das Feuer machen.

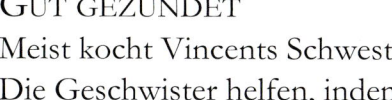

☀ . . . „Wir essen einmal am Tag: ich in der Schule und die anderen zu Hause."

Jedes Kind sollte ein Zuhause haben.

Warm, kühl, trocken, sicher,

Daheim ist es am schönsten

Unser Zuhause bietet Schutz vor dem Wetter.

Daheim fühlen wir uns sicher, behaglich und entspannt.

Ein Zuhause kann man überall und aus allem bauen.

Die Menschen leben weltweit in den unterschiedlichsten

Behausungen: in Häusern, Wohnungen, Wohnwagen, Höhlen,

Hausbooten, Baumhäusern und Zelten.

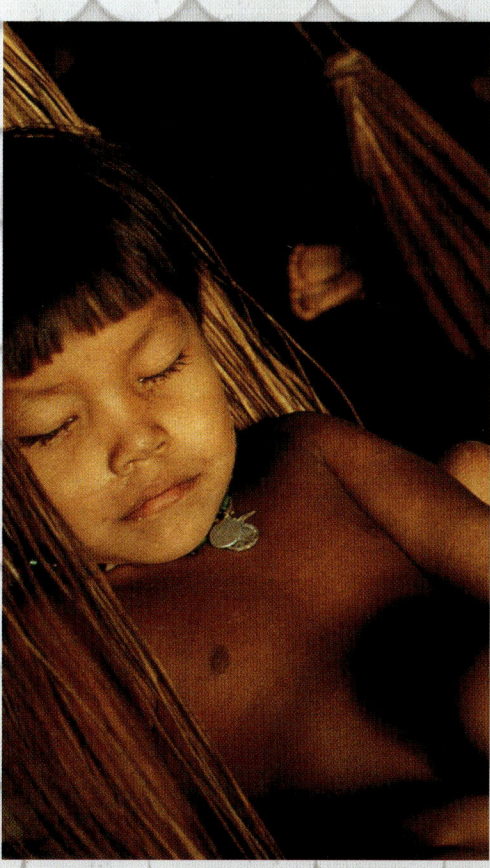

ruhig, geräumig, geborgen

Wo leben die Menschen?

Ein Zuhause ist mehr als ein Gebäude. Es ist ein Ort, an dem du **sicher, gesund** und **glücklich** lebst.

Wie ein Haus aussieht, ist nicht wichtig. Um für Kinder ein gutes Zuhause zu sein, muss es Folgendes bieten:

- **Schutz** vor Wetter, Verletzungen, Rauch und Schmutz
- **Sauberes Trinkwasser** im Haus oder in der Nähe
- **Stabile Wände,** die nicht leicht Feuer fangen
- **Eine Toilette** und geeignete Behälter für den Müll
- **Saubere Räume** für das Lagern und Zubereiten von Essen
- **Genügend Platz** für alle Bewohner
- **Erwachsene,** die sich um die Kinder kümmern

Weil es nicht genug günstige Wohnungen gibt,

- **Fast die Hälfte** der Weltbevölkerung lebt in Städten.

- **250 Millionen** Stadtbewohner haben keinen Zugang zu sauberem Leitungswasser.

- **400 Millionen** Stadtbewohner haben keine Toiletten oder Latrinen.

- Mindestens **600 Millionen** Stadtbewohner leben in Slums.

Weltweit leben in Städten über 20 Millionen obdachlose Familien.

Nicht alle sind aus dem gleichen Grund obdachlos. Es gibt viele Gründe, kein Zuhause zu haben.

- **Krieg und Gewalt** vertreiben die Menschen. Über die Hälfte aller Flüchtlinge sind Kinder. Viele misshandelte Kinder reißen von zu Hause aus.

- Wenn es **keine Arbeit** gibt, wandern die Menschen vom Land in die Städte ab. Dann sind die Städte überbevölkert und das Wohnen wird noch teurer.

- **Naturkatastrophen** wie Dürren, Überschwemmungen und Vulkanausbrüche zerstören Häuser. Nur wer Geld hat, kann ein neues Haus bauen.

- **Es gibt nicht genug** billige Wohnungen für alle Menschen. Wer arbeitslos ist oder wenig verdient, landet schnell auf der Straße.

Es gibt die verschiedensten Arten von Häusern

In heißen Wüstengebieten Tunesiens wohnen manche Leute in kühlen unterirdischen Häusern.

Auf den Flüssen von Hongkong und in Thailand leben Menschen auf Hausbooten.

leben viele Leute in schlechten Verhältnissen.

- Ein Drittel aller Stadtbewohner lebt in sehr schlecht ausgestatteten Häusern und Wohnungen.

- Die ärmsten Familien haben keine Waschgelegenheiten. Viele müssen Wasser eimerweise kaufen.

- Oft teilt sich eine große Anzahl Menschen eine Toilette. Krankheiten verbreiten sich dadurch sehr leicht.

- **1,3 Milliarden** Stadtbewohner leben in ungesunden Behausungen.

Ein Ort zum Leben

Es gibt die verschiedensten Haustypen auf der Welt: Stadt- und Landhäuser, Häuser für heißes und kühles Klima, Häuser auf dem Wasser und auf Bergen. Aber wodurch wird ein Haus zu einem Zuhause? Durch die Menschen, die darin leben.

Türkei Unsere Vorfahren fanden vermutlich in Höhlen Zuflucht vor Sonne, Wind und Regen. Auch heute noch wohnen Menschen in Höhlen oder bauen ihre Häuser an Höhlen an. Dieses Haus ist in eine Höhle hinein-gebaut. Die dicken Wände sorgen dafür, dass es im Sommer kühl und im Winter warm ist.

... Das Praktische an einer Höhlenwohnung ist, dass man die Außenwände nicht erst bauen muss, weil die Höhle ja schon da ist.

China Eine Familie sitzt auf ihrem Hausboot, das im seichten Wasser vor einem Fischerdorf in der Provinz Fujian vor Anker liegt. Auf dem Fluss zu wohnen ist für Leute, die vom Fischfang leben, bequem. Deshalb haben viele Fischer und ihre Familien Hausboote als Zuhause.

... Wenn man auf einem Hausboot lebt, gewöhnt man sich schnell an das leichte Schaukeln und an die beengten Verhältnisse. Kinder, die auf Hausbooten aufwachsen, lernen früh zu schwimmen und die Gefahren des Wassers einzuschätzen.

Laos In Laos flechten die Menschen Matten aus Rattan. Es dauert nur einen Tag, die Matten zu einem Haus zusammenzubauen. Allerdings müssen die Matten häufig ersetzt werden.

☀ ... In der Regenzeit bildet sich viel Schlamm. Deshalb steht dieses Haus auf Stelzen. Rechts befindet sich der Stall für die Schweine der Familie. Den Schweinen macht der Schlamm nichts aus.

Großbritannien TJs Familie ist die meiste Zeit mit einem Zirkus in Südostengland unterwegs. TJ lebt in diesem komfortablen Wohnwagen, der aus den USA kommt. Er ist mit Mikrowelle und Waschmaschine ausgestattet.

☀ ... Die Kinder fahrender Leute wechseln oft die Schule. Sie haben ein Notenbuch, das sie in jede Schule mitbringen müssen.

Ruanda Hier lebt Vincent mit seinen beiden Schwestern und seinem Bruder. Das Haus hat zwei Zimmer und besteht aus Lehmziegeln. Vincent und seine Familie haben sich ihr Haus selbst gebaut. Verwandte und Freunde halfen mit Ziegel zu formen und daraus das Haus zu errichten.

☀ ... Wenn man kein Geld für teures Baumaterial hat, nimmt man das, was gerade zur Hand ist. In heißen, trockenen Gegenden ist ein Haus aus Lehmziegeln angenehm, denn darin bleibt es immer kühl.

Mahasin

Umherziehende Rinderhirten wie Mahasin und ihre Familie wohnen nie lange an einem Ort, sondern wandern von Weide zu Weide. Aus der Milch ihrer Kühe stellen sie Butter her, die sie verkaufen. Mahasin liebt diese Art zu leben.

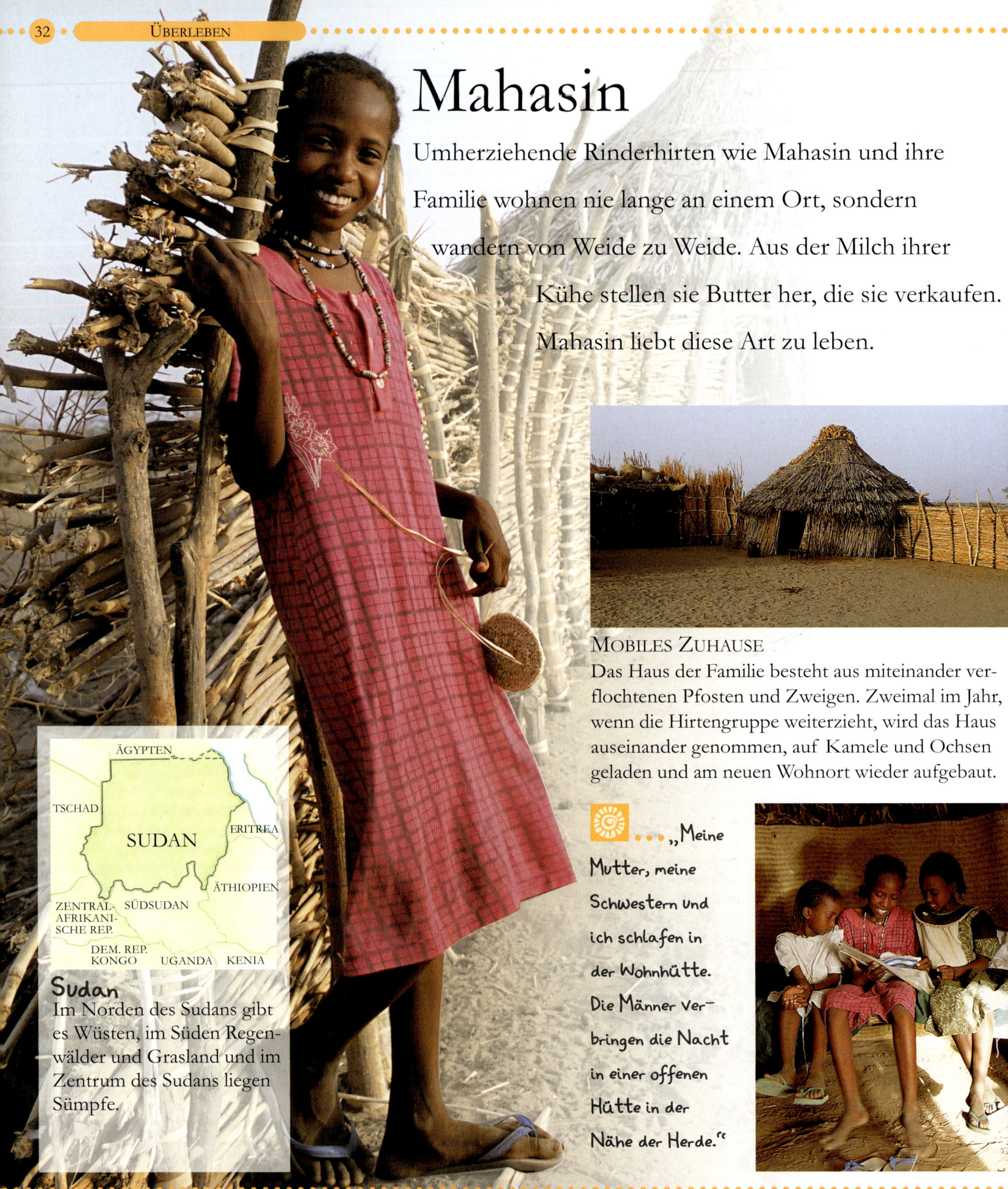

MOBILES ZUHAUSE

Das Haus der Familie besteht aus miteinander verflochtenen Pfosten und Zweigen. Zweimal im Jahr, wenn die Hirtengruppe weiterzieht, wird das Haus auseinander genommen, auf Kamele und Ochsen geladen und am neuen Wohnort wieder aufgebaut.

„Meine Mutter, meine Schwestern und ich schlafen in der Wohnhütte. Die Männer verbringen die Nacht in einer offenen Hütte in der Nähe der Herde."

Sudan

Im Norden des Sudans gibt es Wüsten, im Süden Regenwälder und Grasland und im Zentrum des Sudans liegen Sümpfe.

ÄGYPTEN
TSCHAD
SUDAN
ERITREA
ÄTHIOPIEN
ZENTRAL-AFRIKANISCHE REP.
SÜDSUDAN
DEM. REP. KONGO
UGANDA
KENIA

NOMADENLEBEN

Mahasins Familie zieht oft um, um frische Weiden und Wasserstellen für die Rinder zu finden. Mahasins Sachen müssen in eine kleine Truhe passen.

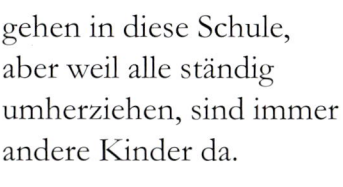

... „Am besten gefällt es mir, wenn wir weiterziehen. Überall behandeln uns die Leute mit Respekt und oft helfen sie uns. Wir können hingehen, wohin wir wollen."

ALLTAGSGERICHT

Mahasin hilft ihrer Mutter und ihren Schwestern gerne beim Saubermachen und Kochen. Meistens gibt es *Asida*. Das ist ein Gericht aus Getreide, Gemüse und Gewürzen.

Mahasin und ihre Mutter waschen ab.

REISENDE SCHULE

Mahasin besucht eine Schule für Nomadenkinder. Etwa 50 Kinder gehen in diese Schule, aber weil alle ständig umherziehen, sind immer andere Kinder da.

... „Wir lernen Arabisch, Religion und Erdkunde. Unser Lehrer heißt Fadul Osman. Er zieht immer mit uns weiter. Er ist einer von uns."

KÖRBE FLECHTEN

Wenn Mahasin nicht gerade lernt, hilft sie die Rinder zu versorgen oder flechtet Körbe, die sie im Haushalt gut gebrauchen können.

Mahasins Halskette nennt man *Khannakh*.

WÜSTENHÜPFSPIEL

Mahasin und ihre Freundinnen spielen ein altes Spiel. Es heißt *Arikkia*.

Nadin

Nadin lebt in einem Flüchtlingslager der Vereinten Nationen. Ihre Familie floh 1948 nach dem arabisch-israelischen Krieg aus ihrer Heimatstadt Malha im früheren Palästina.

ELTERNHAUS

Nadin, ihre Eltern, zwei Schwestern und ein Bruder leben im Erdgeschoss. Nadins Großeltern, eine Tante, ein Onkel und deren Kinder wohnen zusammen im ersten Stock.

„Meine Familie lebt seit 1949 im damals neu gegründeten Lager, also schon über 50 Jahre. Meine Großmutter war sechs, als sie aus der Stadt Malha hierher kam."

FREIZEIT

Im Lager gibt es nicht viele Orte, an denen Mädchen spielen können. Nadin spielt entweder im Haus oder auf der Straße.

Palästinensische Autonomiegebiete

Westjordanland und Gaza bilden die Palästinensischen Autonomiegebiete. Israel besetzte die Gebiete 1967 im so genannten Sechstagekrieg.

WEST-JORDAN-LAND

GAZA

ISRAEL

JORDANIEN

ÄGYPTEN

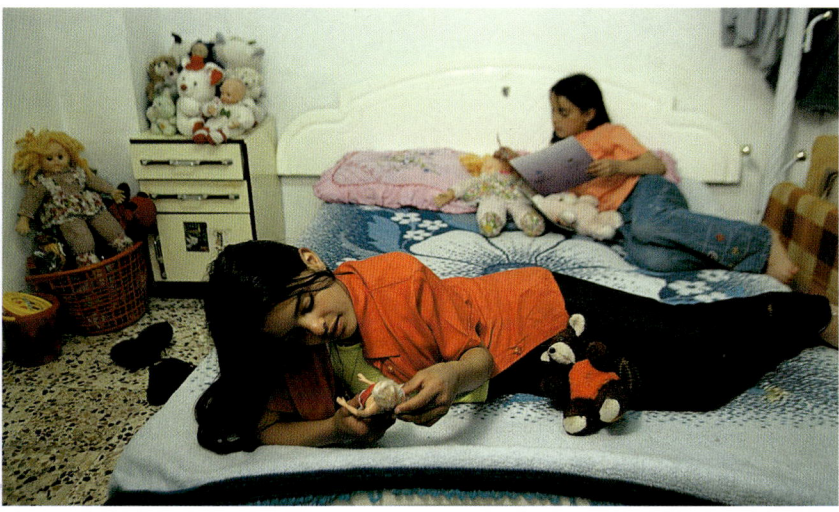

SCHLAFENSZEIT
Nadin teilt sich das Zimmer mit der 8-jährigen Wafa. Die übrige Familie schläft im Wohnzimmer.

☀ ••• „Ich liebe meine Schwester Wafa. Trotzdem streiten wir oft, weil sie so viel redet. Sie möchte berühmt werden und ins Fernsehen kommen."

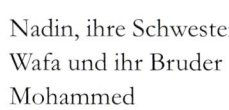

Nadin, ihre Schwester Wafa und ihr Bruder Mohammed

FAMILIENBANDE
Nadin steht allen Mitgliedern ihrer Familie sehr nahe. Weil sie die Älteste ist, hilft sie ihrer Mutter, ihre 2-jährige Schwester Hala zu betreuen.

☀ ••• „Wir essen gerne ein Gericht, das Musakhan heißt. Es besteht aus Brot, Zwiebeln, Huhn und Gewürzen, die zusammen gebraten werden.

Musakhan

Oliven

HAUSARBEIT
Wenn sie von der Schule nach Hause gekommen ist, hilft Nadin ihrer Mutter im Haushalt, z. B. indem sie fegt oder Staub wischt.

ÄHNLICHE GERICHTE
Die Küche Palästinas ähnelt der anderer Länder der Region: Jordanien, Israel, Türkei, Griechenland, Iran und Irak.

☀ ••• „Mein größter Wunsch wäre, nach Malha zurückzukehren. Ich wünsche mir auch Frieden zwischen Israelis und Palästinensern."

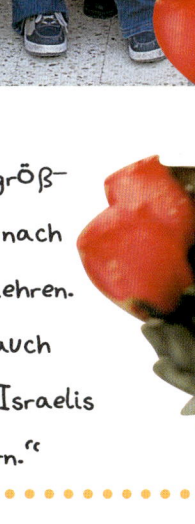

Jedes Kind hat ein Recht auf

Gesundheit

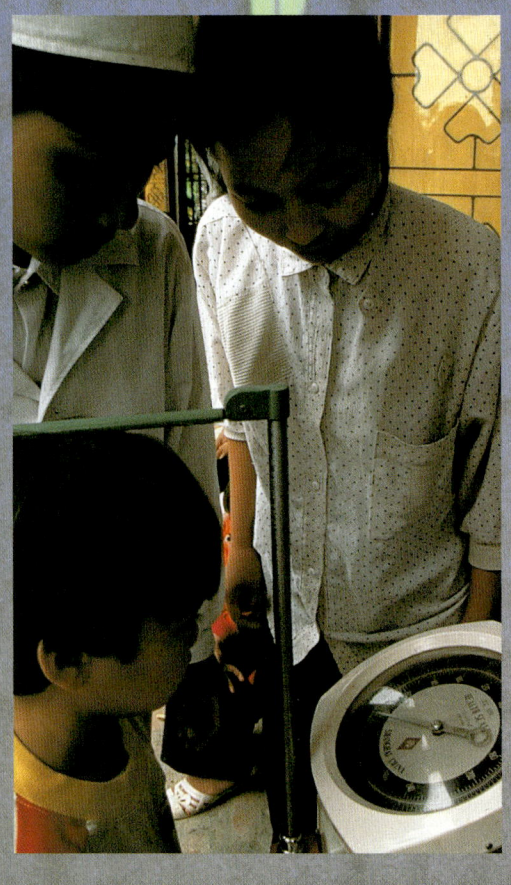

starke Knochen, gesunde Zähne,

Gesund bleiben

Am besten ist es, gar nicht erst krank zu werden. Impfungen können uns vor einigen Krankheiten schützen. Hygiene und gesundes Essen halten uns ebenfalls gesund. Manchmal werden Menschen trotzdem krank. Dann brauchen sie oft Ärzte, Medikamente und Krankenhäuser, um wieder gesund zu werden.

Hygiene, Impfschutz, Fitness

Wie bleiben wir gesund?

Gesundheit ist unser wertvollster Besitz.

● **Um gesund zu bleiben,** brauchen wir gesundes Essen und sauberes Wasser, eine Waschgelegenheit, eine Toilette, Impfungen, Gesundheitsvorsorge und Möglichkeiten, Müll sachgerecht zu entsorgen.

● **Wer krank wird,** sollte einen Arzt, ein Krankenhaus oder einen Notarzt aufsuchen können. Sie helfen uns, wieder gesund zu werden.

Gesundes Essen

Impfungen

Sauberes Wasser

Hygiene

Ärzte

Gesundes Kind

Über eine Milliarde Menschen sind ohne **ärztliche** Versorgung.

● Jede Minute stirbt irgendwo auf der Welt ein Kind an **Masern**. Du wurdest vermutlich dagegen **geimpft**.

● Wahrscheinlich hast du Impfungen gegen mehrere **leicht vermeidbare Kinderkrankheiten** bekommen.

● In Afghanistan können die meisten Leute nicht **zu einem Arzt** oder in ein **Krankenhaus gehen**.

● In **China** lässt die Regierung Menschen aus abgelegenen Dörfern medizinisch ausbilden.

● Viele Krankheiten sind für Kinder tödlich. Jeden Tag sterben **40 000 Kinder** unter fünf Jahren.

Einige der weltweit tödlichsten Krankheiten können leicht und billig verhütet werden.

- **Malaria** wird von Moskitos übertragen. Jedes Jahr erkranken daran 500 Millionen Menschen. Gegen Malaria schützen Moskitonetze und das Zerstören von Brutplätzen der Moskitos.

- **Unterernährung** bewirkt, dass 150 Millionen Kinder schwach und anfällig für Krankheiten sind. Durch gesunde Ernährung und medizinische Versorgung ließe sich das verhindern.

- **Durchfall** führt zu Austrocknung, an der jährlich über 1 Million Kinder sterben. Durch Zugang zu sauberem Wasser und gesundem Essen können Durchfallerkrankungen verhindert werden.

- **Masern** sind in Entwicklungsländern oft tödlich: Fast 1 Million Kinder sterben alljährlich daran. Eine Impfung schützt gegen Masern und ist billig: Sie kostet nur 14 Cent pro Kind.

Die AIDS-Tragödie

In Afrika südlich der Sahara wurden Millionen von Kindern durch AIDS zu Waisen. Viele andere haben durch AIDS ihre Lehrer verloren und konnten ihre Schulausbildung nicht abschließen.

Wie lange dauert es, bis dich ein Arzt behandelt, wenn du krank bist?

50 **Prozent** der Kinder Afrikas nicht.

34 **Millionen** Kinder auf der Welt nicht.

In Deutschland können es fast alle.

Man nennt sie **Barfußärzte**.

Die Todesursache ist **Unterernährung**.

Fit fürs Leben

In den ersten Lebensjahren ist Gesundheitsfürsorge besonders wichtig. Gesunde Kinder haben eine bessere Chance, am Leben zu bleiben und gesunde Erwachsene zu werden.

Angola Ein Mädchen mit einer Atemwegsinfektion wird in der Hauptstadt Luanda von einer Ärztin untersucht. Nach jahrelangem Bürgerkrieg konnte die Regierung endlich mithilfe von UNICEF die medizinische Versorgung ausbauen.

... Alle Kinder brauchen regelmäßige Vorsorgeuntersuchungen, damit Gesundheitsprobleme erkannt und behandelt werden können.

Indien Auf dem Heimweg vom Brunnen posiert dieses Mädchen aus Tamil Nadu für ein Foto. Unreines Trinkwasser ist die Ursache vieler vermeidbarer Todesfälle, vor allem von Babys und kleinen Kindern.

☀ ... Tontöpfe wie dieser halten Wasser frisch und kühl. Trotzdem wäre eine Wasserleitung wesentlich bequemer und gesünder.

Bangladesch Dieses 2-jährige Mädchen freut sich, dass sie mit ihrem Badewasser spielen darf. Das Wasser kommt aus einer neuen Handpumpe.

☀ ... Wasser aus Flüssen oder Seen, die auch als Waschgelegenheit oder Toilette dienen, ist schmutzig.

Sambia Obst und Gemüse enthalten viele Vitamine und Mineralien. Wenn man sie isst, wird man schnell gesund – oder gar nicht erst krank. Weil die Nährstoffe, die wir brauchen, in unterschiedlichen Lebensmitteln enthalten sind, ist eine ausgewogene Ernährung sehr wichtig.

☀ ... Weil unser Körper die meisten Vitamine nicht speichert, sollten wir jeden Tag frische Früchte essen.

China Ein Mädchen bekommt in einer von UNICEF unterstützten Klinik eine Schluckimpfung. Leider ist es bis heute noch nicht gelungen, die Kinderlähmung völlig zu besiegen.

☀ ... Der Impfstoff gegen Polio (Kinderlähmung) wird einfach geschluckt. Um zuverlässig geschützt zu sein, muss man sich allerdings viermal impfen lassen.

Natalie

Natalie leidet an Hautausschlag und Asthma. Asthma ist eine Krankheit, die das Atmen erschwert. Beides kann man nicht heilen, doch mithilfe von Medikamenten kann Natalie ein aktives Leben führen.

AUSSCHLAG
Viele Asthmatiker leiden auch an allergischem Hautausschlag. Natalie muss aufpassen, womit ihre Haut in Berührung kommt. Manche Dinge lösen Jucken und Rötungen aus.

Haut-salbe

„Ich muss mich morgens und abends eincremen. Bei heißem Wetter fängt meine Haut zu jucken an. Ich darf mich nicht kratzen, sonst blutet meine Haut und entzündet sich leicht."

SCHOTTLAND

GROSS-BRITANNIEN

NORD-IRLAND

ENGLAND

WALES

FRANKREICH

Großbritannien
In Industrieländern ist die Luft durch Abgase verschmutzt. Asthmatiker haben darunter besonders zu leiden. In Groß-britannien leidet jedes achte Kind an Asthma.

SPORT
Bei manchen Asthmatikern löst Sport Anfälle aus, bei Natalie zum Glück nicht. Sie treibt viel Sport und hat festgestellt, dass es ihr dadurch inzwischen besser geht: Sie ist nicht mehr so oft erkältet und hat weniger Asthmaanfälle.

ALLERGIEAUSLÖSER

Natalie darf keine Stofftiere und kein Haustier haben oder Wolle tragen, denn das alles kann bei ihr einen Anfall auslösen. Aus dem gleichen Grund gibt es in der Wohnung weder Vorhänge noch Teppiche.

DIÄT

Natalie leidet auch an Nahrungsmittelallergien. Deshalb kann sie nicht alles essen. Milch, Käse und Eier können sie sehr krank machen.

Käse

Eier

Milch

Dosier-hilfe

INHALIERGERÄTE

Natalie inhaliert gegen ihr Asthma zwei Sprays. Das Behandlungsspray verwendet sie jeden Tag. Das Notfallspray weitet bei einem Anfall die Atemwege.

Notfall-spray

Behand-lungsspray

„Bei einem Asthmaanfall fühlt sich meine Brust wie zusammengequetscht an. Manchmal kann ich nicht mehr aufhören zu husten. Das Notfallspray erleichtert dann das Atmen."

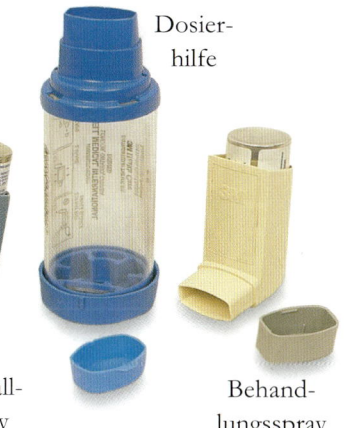

Schlittschuhe

„Mittwochs gehe ich zum Turnen, donnerstags zum Schwimmen, freitags zum Basketball und samstags zum Eislaufen. So oft es geht, fahre ich mit Inlineskates auf der Straße vor unserem Haus."

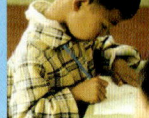

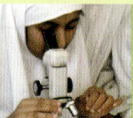

2. Entwicklung

Jedes Kind hat ein Recht auf **Bildung**. Bildung sollte Kindern helfen, ihre Persönlichkeit, ihre Begabungen und Fähigkeiten weiterzuentwickeln. Zur Bildung gehört es auch, dass Kinder Respekt vor anderen haben.

Entwicklung – Hauptwort; entwickeln – Tätigkeitswort:
1. Fähigkeiten zur Entfaltung bringen; 2. wachsen; 3. reifen.

Jedes Kind sollte einen sicheren Ort und Zeit zum **Spielen** haben. Alle Kinder sollten die Möglichkeit haben, für sich zu sein, wenn sie eine Zeit lang alleine sein wollen.

Jedes Kind hat ein Recht auf
Bildung

rechnen, lesen, schreiben,

Schulen für alle!

Menschen lernen immer, ihr Leben lang.
In der Schule lernt man lesen, schreiben und rechnen.
Hier entwickeln sich Talente, Fertigkeiten und die Persönlichkeit.
In der Schule lernen wir auch etwas über unsere Rechte und
unsere Verantwortung. Wir werden dazu angeleitet, andere zu
achten und friedlich mit ihnen zusammenzuleben.

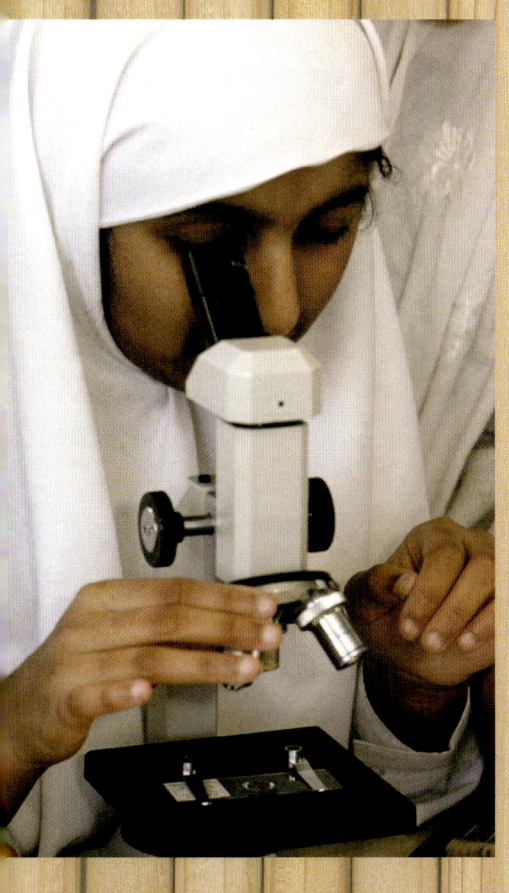

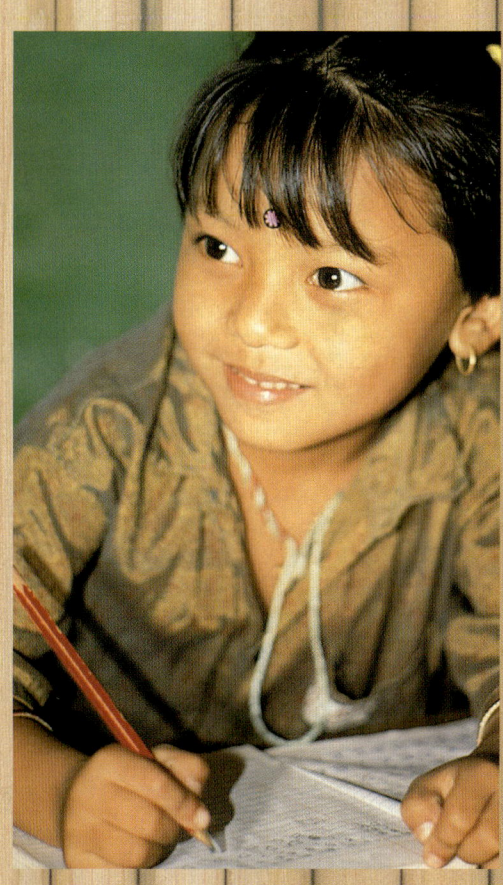

informieren, ausprobieren, gestalten

Warum brauchen wir Bildung?

Hast du dir je gewünscht, nicht zur Schule zu müssen? Millionen von Kindern können nicht **zur Schule** gehen. Über die Hälfte von ihnen sind Mädchen.

• **Wenn man weder lesen** noch schreiben oder rechnen kann, findet man nur selten eine gute Arbeit und wird von vielen Leuten ausgenutzt. Ohne Schulbildung ist es schwer, sich aus der Armut zu befreien. Wer auf einer Schule war, bekommt bessere Arbeit und lebt länger und gesünder.

• **Schule ist mehr als Lesen, Schreiben und Rechnen.** In der Schule sprechen wir auch über Selbstachtung und Würde und wir lernen unsere Rechte kennen. In der Schule lernen wir außerdem, wie wir gesund bleiben und Krankheiten vorbeugen können.

Warum können weniger Mädchen lesen?

• Weltweit geht **jedes vierte Mädchen** im schulfähigen Alter nicht zur Schule.

• In Afrika südlich der Sahara erhalten etwa 40 Prozent der Mädchen keine Schulbildung.

• In manchen Gegenden glauben die Menschen, dass Mädchen keine Bildung brauchen.

• Manche Mädchen müssen zu Hause bleiben, um im Haushalt, auf den Feldern oder im Betrieb zu helfen.

• Familien, die nicht alle ihre Kinder zur Schule schicken können, lassen häufig nur die Jungen lernen.

Jeder siebte Mensch auf der Welt kann diesen Satz weder lesen noch schreiben.

Warum bekommen nicht alle eine Schulbildung?

• **Dort, wo manche Kinder wohnen, gibt es weder Schulen noch Lehrer.** Nicht überall stehen Schulen zur Verfügung. An einigen Orten gibt es nur solche Schulen, die nicht auf Kinder mit Behinderungen oder besonderen Bedürfnissen eingehen können.

• **Manche Kinder müssen zu Hause mitarbeiten.** Manchmal können Eltern nicht allen ihren Kindern eine Schulausbildung ermöglichen. Weil sie nicht genug Geld haben, müssen einige Kinder arbeiten gehen, damit die anderen die Schule besuchen können.

• **Schulgeld ist teuer.** Nicht in allen Ländern sind die Schulen kostenlos. Selbst wenn sie kein Schulgeld bezahlen müssen, können nicht alle Eltern das Geld für Bücher, Schulkleidung, Stifte und Hefte aufbringen.

• **Manche Kinder haben niemanden, der ihnen hilft.** Kinder, die von zu Hause ausgerissen oder Waisen sind, schlafen manchmal auf der Straße. Sie müssen um ihr Leben und ihr Überleben kämpfen. Nur wenige von ihnen können zur Schule gehen.

Nahezu **100%** aller Kinder in den USA und in Europa gehen zur Schule.

53% aller Kinder ohne Grundschulbildung sind Mädchen.

Weltweit beginnen die Menschen zu begreifen, dass es für die gesamte Gesellschaft gut ist, wenn Mädchen und Frauen Zugang zu Bildung haben.

In ärmeren Ländern besuchen nur **45%** der Mädchen (und **55%** der Jungen) weiterführende Schulen.

320 Millionen Männer und **550 Millionen** Frauen können nicht lesen.

Bildung für alle

Bildung ist der Schlüssel zu einer besseren Zukunft, doch für Millionen von Kindern ist es nicht selbstverständlich, zur Schule zu gehen. Überall auf der Welt bemühen sich Regierungen, nicht-staatliche Organisationen, Eltern und Kinder, die Bildungsmöglichkeiten zu verbessern, damit die Kinder einen guten Start ins Erwachsenenleben haben.

Bangladesch Bis vor Kurzem arbeitete dieses Mädchen in einer Textilfabrik. Dann beschloss das Unternehmen, Kinder nicht mehr arbeiten zu lassen und ihnen stattdessen den Schulbesuch zu ermöglichen. Jetzt lernt das Mädchen lesen. Schulen wie diese helfen Kindern, die Armut zu überwinden.

In **Nordkorea** führte eine Dürre zu Nahrungsmittelknappheit. Millionen von Kindern gingen hungrig in die Schule. Nachdem dieser Kindergarten durch Hilfsprogramme Lebensmittel für die Kinder erhalten hatte, kamen 90% der Kinder im Kindergartenalter – und nicht nur wie bisher 20%.

...Mit knurrendem Magen kann man sich schlecht aufs Lernen konzentrieren!

✂... Bildung ist sehr wichtig. Wenn ein Kind nicht zur Schule gehen kann, muss die Schule eben zu dem Kind kommen.

Im Hinterland von **Australien** leben Kinder Hunderte von Kilometern von der nächsten Schule entfernt. Um zu lernen, unterhalten sie sich über Funk mit ihren Lehrern und schicken ihnen die Hausaufgaben mit der Post.

✂... Dieses Mädchen hatte Glück. Manche Kinder können nicht zur Schule, weil sie arbeiten müssen. Die Schulen müssten ihnen besondere Teilzeitkurse anbieten, damit auch sie lernen können.

Kenia Für viele Waisenkinder wie den 12-jährigen Thomas schien Schule ein unerreichbarer Traum zu sein. Inzwischen aber besucht Thomas ein von UNICEF unterstütztes Bildungszentrum in Nairobi. Das Zentrum bietet Kindern, die auf der Straße leben oder arbeiten, Unterricht und handwerkliche Ausbildung – das sind Chancen, die Straßenkinder bisher nie hatten.

Schule schafft Chancen.

... Thomas zeigt stolz seine ersten Rechen- aufgaben. Seit er zehn Jahre alt ist, lebt er auf der Straße. Die Ausbildung kann ihm zu einer besseren Zukunft verhelfen.

Sbongile

Vor ein paar Jahren hätte Sbongile in Südafrika nicht in die Ellerton-Grund-schule gehen dürfen. Die Rassentren-nung verbot das Zusammensein von Schwarzen und Weißen. Inzwischen wurde die Trennung abgeschafft.

SCHULUNIFORM
Sbongile trägt in der Schule eine weiße Bluse und einen blau-weißen Jogginganzug mit dem Wappen und dem Namen der Schule: „Ellerton".

LANGE FAHRT
Die Schule ist weit von Sbongiles Elternhaus entfernt. Sbongiles Mutter weckt sie um 4 Uhr 30, damit sie fertig ist, wenn das Schulauto sie um 5 Uhr 30 abholt.

... „Der Fahrer holt 16 Schüler zu Hause ab. Ich bin die Erste. Dann fahren wir zu den anderen. Um 7 Uhr 30 kommen wir bei der Schule an."

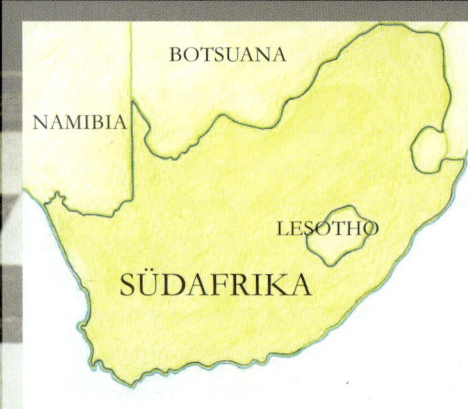

Südafrika
Südafrika liegt an der Südspitze des afrikanischen Kontinents. Das Land besitzt viele Bodenschätze, darunter Kohle, Zinn, Eisenerz, Gold und Diamanten.

BOTSUANA

NAMIBIA

LESOTHO

SÜDAFRIKA

... „Ich nehme Hefte, Stifte und ein Lesebuch in die Schule mit. Manchmal habe ich Sandwiches mit Thunfisch oder Dosenfleisch oder mit Käse, Schinken und Ei dabei. Oder meine Mutter gibt mir Geld, damit ich mir etwas kaufen kann."

SPRACHEN
Die Schüler der Grundschule sprechen außer Englisch und Afrikaans mindestens sieben weitere Sprachen, u.a. die afrikanischen Sprachen Xhosa, Zulu und Sotho.

„In meine Klasse gehen 23 Schüler. Dabei haben wir noch Glück, denn in einigen Klassen sind es ungefähr 40. Wir sitzen in Sechsergruppen zusammen."

Sbongiles Mathebuch

VERSAMMLUNG
Einmal in der Woche singen die Schüler das Lied ihrer Schule und die Nationalhymne. Unterrichtsfächer sind zum Beispiel Mathematik, Englisch, Afrikaans, Naturwissenschaften – Sbongiles Lieblingsfach – und Geschichte.

„Manchmal backen wir in der Klasse etwas oder machen ein kleines Picknick. Ich belege auch Computerkurse, Kunst und den Bibliothekskurs. Im Sommer schwimmen wir im Swimmingpool."

WANDMALEREIEN
Bunte Wandgemälde schmücken die Schule. Sbongile ist gerne in Ellerton, auch wenn sie die Schulregeln anfangs sehr streng fand.

„Auf dem Pausenhof spielen wir Ballspiele und Räuber und Gendarm. Am liebsten mag ich die Spiele mit einem Tennisball, die ich mit meinen Freundinnen spiele."

Bild von Sbongile

Sbongile mit Freundinnen

Maria

Jahrelang durften Mädchen in Afghanistan nicht zur Schule gehen. Das ist nun anders. Maria besucht in Kabul eine Mädchenschule, die von der Regierung mithilfe von UNICEF bezahlt wird.

DAS LEBEN IN AFGHANISTAN

2002 kam in Afghanistan eine neue Regierung an die Macht. Seither gibt es für Frauen Schulen und andere Bildungseinrichtungen. Maria hatte Glück: Als sie das Schulalter erreichte, war das Bildungsverbot aufgehoben worden.

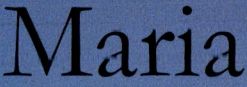 … „Als ich noch zu klein war, um zur Schule zu gehen, lernte ich zu Hause. Meine große Schwester Tamana brachte mir Lesen und Schreiben bei."

Afghanistan

In Afghanistan kann nur jede fünfte Frau (und jeder zweite Mann) lesen. Die neue Regierung bietet bessere Bildungsmöglichkeiten für Mädchen.

FRÜHAUFSTEHER

Maria muss früh aufstehen, damit sie um 7 Uhr in der Schule ist. Sie trägt die Schuluniform: eine schwarze Tunika mit Hosen und Kopftuch.

… „Von zu Hause bis zur Schule brauche ich 30 Minuten. Ich gehe mit meinen beiden Schwestern zusammen. Meine Brüder besuchen eine andere Schule."

ZEIT ZUM LERNEN
Die Mädchen sitzen im Unterricht auf einem Teppich. Maria lernt fleißig, weil sie später einmal Lehrerin werden möchte.

... „Mein Lieblingsfach ist Dari (afghanisches Persisch). Das ist unsere Sprache und ich finde das Fach leicht."

SPASS MIT FREUNDINNEN
Maria spielt mit ihren Freundinnen und sie teilen sich in der Pause die mitgebrachten Imbisse. Marias Schule ist cinc rcinc Mädchenschule.

... „In der Pause übe ich gerne Seilspringen, aber am besten gefällt mir an der Schule, dass wir dort Fußball spielen."

EIN GESCHENK VON UNICEF
Jedes Kind in Marias Schule bekam von UNICEF eine Schultasche und Hefte.

Schultasche

Schulhefte

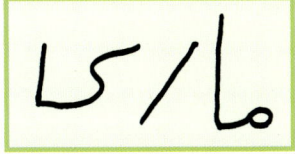

Marias Name in Dari

„Später werde ich Lehrerin."

... „Ich wünsche mir ein neues Haus und dass ich in Kabul bleiben kann."

Jedes Kind hat das Recht

zu spielen

laufen, springen, sammeln, malen,

Eine ernsthafte Angelegenheit

Spielen ist sehr wichtig.

Zum Spielen braucht man kein teures Spielzeug, sondern nur Fantasie. Auch wenn sie nicht dieselbe Sprache sprechen, können Kinder miteinander spielen. Auch Sport macht Spaß. Sport ist Training für den Körper. Bei Mannschaftsspielen lernt man mit anderen zusammenzuarbeiten.

sich etwas vorstellen, lachen

Wozu ist Spielen gut?

Warum ist es so wichtig, dass Kinder **spielen** können? Weil Spiele auch eine Vorbereitung auf das Erwachsenenleben sind.

- **Wenn man alleine spielt,** lernt man selbstständig zu denken und mit sich selbst zurechtzukommen.

- **Beim Spielen mit Freunden** lernt man mit anderen umzugehen und mit ihnen zusammenzuarbeiten.

- **Beim Spielen kann man** kreativ sein und die Umwelt erkunden.

- **Beim Spielen übt man** einfallsreich zu sein und seine Vorstellungskraft einzusetzen.

kreativ sein, schauspielern,

Viele Kinder können nicht spielen.

- ... man viele Stunden **arbeiten** muss.

- ... es draußen zu **schmutzig** oder **gefährlich** ist.

- ... **Krieg** ist oder vor kurzer Zeit Krieg war.

- ... man körperlich oder seelisch **verletzt** ist.

Wie viele verschiedene Spiel-Arten fallen dir ein?

• **Du kannst alleine spielen:** auf dem Bett hüpfen, lesen, dich verkleiden oder ein Tagebuch schreiben.

• **Du kannst malen oder basteln:** eine Zeichnung oder ein Bild, ein Modellflugzeug oder ein Monster.

• **Du kannst Sport treiben:** Beim Fußball oder Basketball lernst du die Zusammenarbeit im Team. Beim Turnen, Laufen und Schwimmen lernst du dich auf dich selbst zu verlassen. Alle Sportarten halten dich fit und gesund.

• **Du kannst ein Hobby haben:** Du kannst Aufkleber oder Steine sammeln, ein Instrument spielen oder zaubern.

• **Du kannst mit anderen spielen:** auf dem Spielplatz, im Park, mit Brettspielen oder indem ihr neue Spiele erfindet.

Zum Spielen brauchst du nicht unbedingt Spielzeug, aber Zeit und einen Ort, an dem du alleine oder mit anderen ungestört bist.

Nur für Kinder!

Kinder müssen auch mal ihre Ruhe haben.

Spielen macht weniger Spaß, wenn Erwachsene zuschauen.

singen, bauen, verstecken, suchen, malen

Denn es ist schwer zu spielen, wenn ...

• ... man **keine Energie hat,** weil man nicht genug zu essen bekommt.

• ... in der Wohnung **nicht genug Platz** zum Spielen ist.

• ... man ständig auf jüngere Geschwister **aufpassen** muss.

• ... man **krank** ist.

Spielen macht manchmal auch Dreck!

Einfach nur spielen

Wenn es ums Spielen geht, sind Kinder Experten.

Ob drinnen oder draußen, mit Spielzeug oder

ohne: Ihnen fällt immer etwas ein, das Spaß macht.

Südafrika Kinder spielen auf einem Spielplatz in King William's Town.

Botsuana Bei dem Spiel *Makaroo* sitzt ein Kind in der Mitte eines Stuhlkreises und die anderen laufen außen im Kreis herum.

 ... Es gibt Spiele, die man nur zu mehreren spielen kann. Kennst du auch Spiele, die erst dann richtig Spaß machen, wenn man sie mit Freunden spielt?

... Herumspringen macht Spaß und man fühlt sich gut dabei, aber man wird davon auch ganz schön müde.

Philippinen Um Puzzles zu legen und etwas aus Bausteinen zu bauen, braucht man Ruhe. Diese Kinder sind ganz in ihr Spiel vertieft.

✂... Manchmal ist es schön, zu mehreren zu spielen, ohne dass man richtig zusammen spielt. Auf diese Weise kann man Ideen austauschen und trotzdem eigene Vorstellungen verwirklichen.

Peru Dieser Junge setzt sich beim Spiel voll ein. Beim Fußballspielen wird der ganze Körper trainiert, nicht nur die Füße.

✂... Fußball ist wahrscheinlich das beliebteste Spiel der Welt.

Kenia Dieser somalische Junge hat einen Bus aus Papier und Pappe gebaut. Zum Basteln braucht man viel Zeit und Fantasie.

✂... Du kannst etwas basteln und dann damit spielen. So hast du doppelten Spaß!

Kuba Diese Jungen aus der Ukraine spielen Schach. Sie werden in einem Camp für strahlungsgeschädigte Kinder medizinisch betreut.

✂... Eine Partie Schach kann Stunden dauern, weil die Spieler ihre Züge sehr gründlich überlegen.

Michael

Michael, seine Schwester und seine Eltern leben auf einer Farm im australischen Hinterland. Weil die Schule so weit entfernt ist, macht Michael seine Hausaufgaben alleine und unterhält sich über Funk mit den Lehrern.

TIERE

Außer Rindern und Schafen hält die Familie auf ihrer Farm noch weitere Tiere: *chooks* (Legehennen) und Enten zum Schlachten, aber auch Hunde und Pferde, die beim *mustering* (Zusammentreiben) der Rinder helfen.

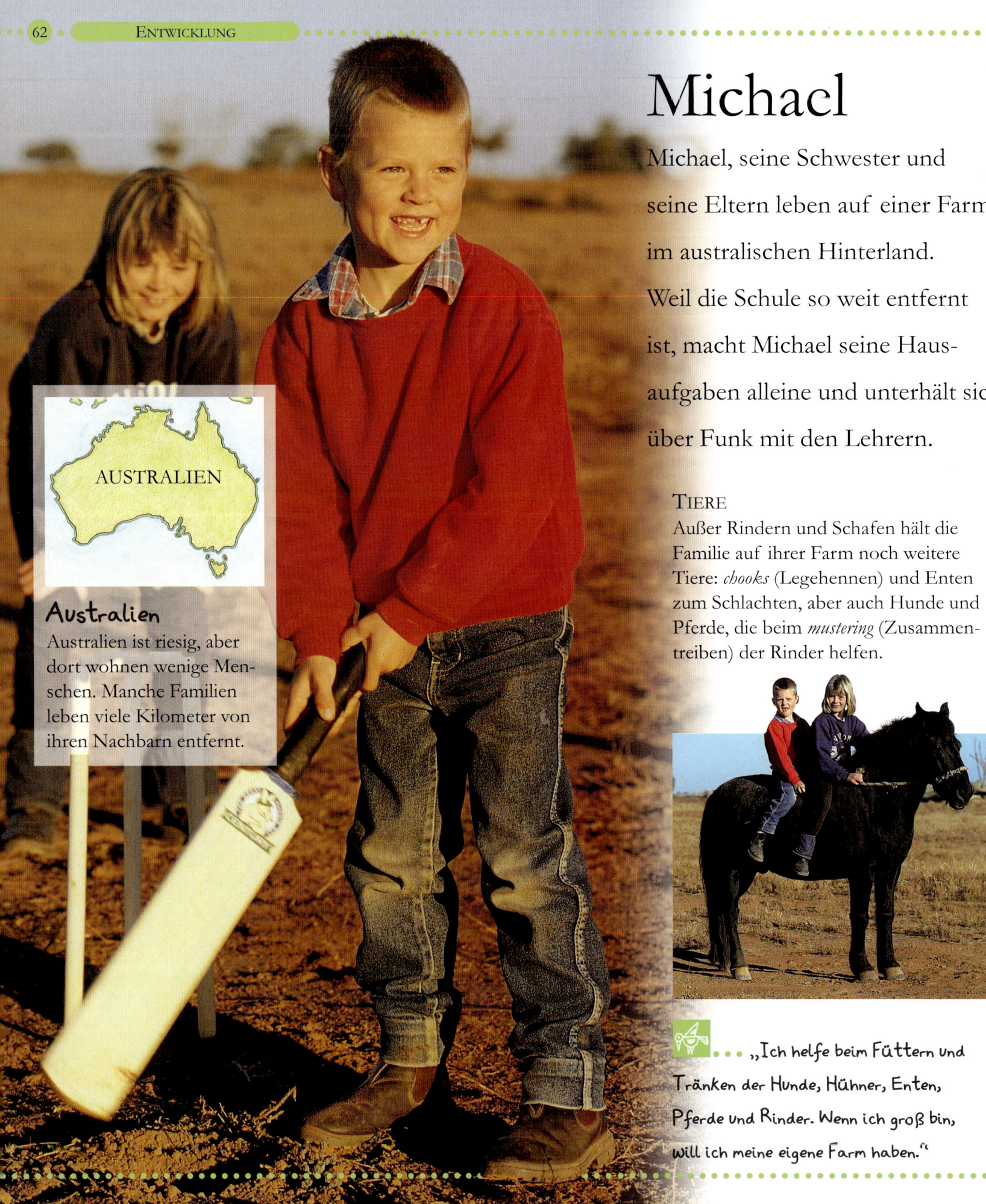

Australien

Australien ist riesig, aber dort wohnen wenige Menschen. Manche Familien leben viele Kilometer von ihren Nachbarn entfernt.

„Ich helfe beim Füttern und Tränken der Hunde, Hühner, Enten, Pferde und Rinder. Wenn ich groß bin, will ich meine eigene Farm haben."

DRAUSSEN SPIELEN

Michael verbringt viel Zeit im Freien. Er geht mit den Hunden spazieren und fährt mit dem Fahrrad herum. Zweimal im Jahr besucht er Ferienlager, um Gleichaltrige zu treffen.

SCHAFE

Auf der Farm leben 1200 Schafe und 550 Rinder. Einmal im Jahr werden die Schafe geschoren. Dann kommen Schäfer, um diese Arbeit zu erledigen. Michael und Rebecca helfen, wo sie können.

. . . „Mit meinem Freund Naish unterhalte ich mich über Funk. Er lebt 630 km weit weg auf Bulgunnia Station."

AUSTRALISCHER FOOTBALL

Beim „Aussie Football", dem australischen Fußball, können die Spieler den Fußball schießen, aber auch anfassen und damit laufen. Michael und Rebecca üben fleißig – aber für ein Spiel braucht man 36 Spieler!

Michaels Lieblingsbuch

. . . „Das Beste am Leben hier sind die Windmühlen, die Sonnenuntergänge und dass so viel Platz ist. Dumm ist, dass ich meine Freunde nicht treffen kann."

Michaels Lieblingsteddy

SPIELE UND SPIELZEUG

Michael spielt alleine mit seinen Spielsachen: Lastwagen, Traktoren und einem Motorrad. Er liest gerne das *Outback Magazine,* sieht fern und spielt Computerspiele.

3. Schutz

Jedes Kind sollte jemanden haben, der es **liebt** und **beschützt.**

Jedes Kind sollte vor Ausbeutung und Schäden durch **Arbeit** bewahrt werden.

 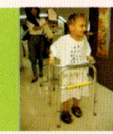    

Schutz – Hauptwort; schützen – Tätigkeitswort:
1. vor Angriffen, Verlust, Beschimpfung usw. bewahren; behüten; Schaden abwehren.

Auch Kinder mit **Behinderung** sollten aktiv am Leben teilnehmen können.

Kinder brauchen Schutz vor den Gefahren, die ein **Krieg** mit sich bringt.

Jedes Kind braucht

Liebe

Geborgenheit, Fürsorge, Hilfe,

Jemand, der auf dich aufpasst

Kinder brauchen die Unterstützung von Erwachsenen. Meistens übernehmen die Eltern diese Aufgabe. Erwachsene Betreuer sollten immer so entscheiden, wie es für das Kind am besten ist. Jedes Kind braucht einen Erwachsenen, der ihm zuhört, es tröstet, wenn es traurig ist, und ihm klarmacht, dass es auch auf andere Rücksicht nehmen muss.

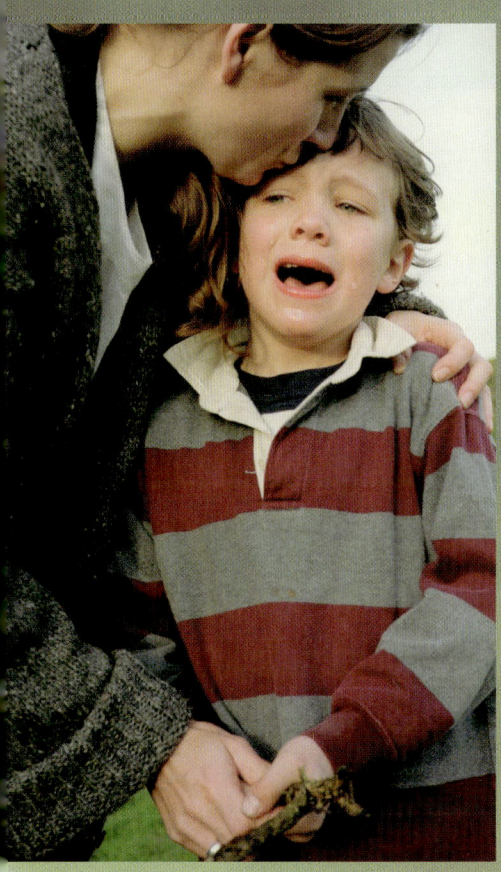  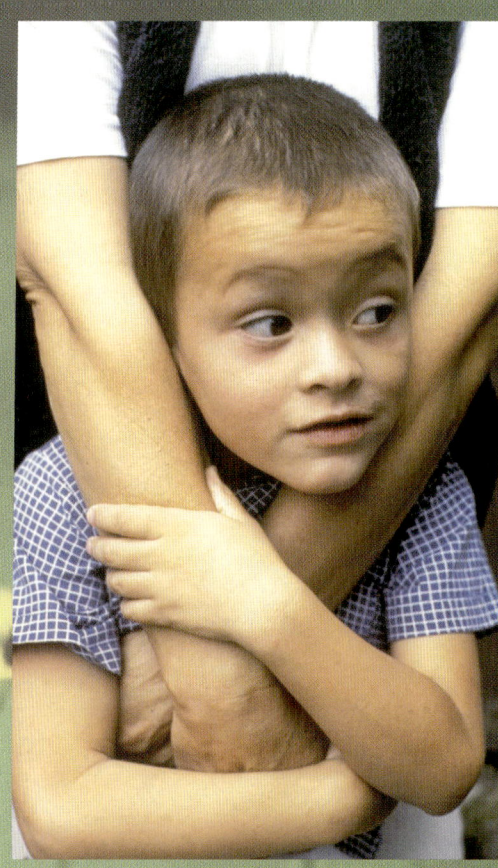

Trost, Sicherheit, Nähe

Wer sorgt für dich?

Jeder braucht die Fürsorge anderer Menschen.

• **Du teilst nicht nur** die Wohnung mit deiner Familie, du lebst mit ihr zusammen. Deine Familie liebt dich und sorgt für dich.

• **Kinder können** mit Müttern, Vätern, Onkeln, Tanten, Cousins, älteren Geschwistern, Großeltern, Stiefeltern, Pflege-eltern, Adoptiveltern oder auch Freunden zusammenleben.

• **Deine Familie** kann außer dir nur aus einer weiteren Person bestehen oder aus 20. Egal, ob sie jung oder alt sind, Männer oder Frauen – wichtig ist nur, dass sie sich um dich kümmern.

Liebe hält alles und alle zusammen.

Sie kochen dein **Essen** und passen auf, dass du auch das **Gemüse** isst.

Sie fragen, ob du **Haus-aufgaben** aufhast, und **helfen** dir sie zu machen.

Wenn du noch nicht lesen kannst, erzählen sie dir **Geschichten**.

Mütter, Großmütter, Tanten, Cousinen, Stiefmütter, Pflegemütter, Adoptivmütter, Betreuerinnen

Große Brüder lassen dich mitspielen.

Kleine Brüder schmusen mit dir.

Manche Eltern können sich nicht um ihre Kinder kümmern, weil …

- **… sie arm sind.** Manche Familien haben so wenig Geld, dass sie nicht für alle Kinder sorgen können. Es kann so weit kommen, dass die Kinder weggehen und sich Arbeit suchen müssen.

- **… die Eltern tot sind.** Wenn Eltern sterben, leben die Kinder oft bei Verwandten. Falls niemand die Kinder aufnehmen kann, werden sie obdachlos.

- **… Krieg ist.** Dadurch wurden in den 1990ern über 1 Mio. Kinder von ihren Eltern getrennt. Organisationen wie UNICEF führen sie wieder zusammen.

- **… Gewalt herrscht.** Misshandelte Kinder reißen von zu Hause aus. Wenn sie nirgendwo hinkönnen, leben sie auf der Straße.

Was dann?

Regierungen sorgen für diese Kinder. Sie bringen sie in Waisenhäusern oder bei Pflegeeltern unter oder finden Adoptiveltern für sie.

Alleine aufwachsen

Über 13 Mio. Kinder unter 15 haben einen oder beide Elternteile durch AIDS verloren.

Mindestens 1 Mio. Kinder wachsen ohne Mutter auf, weil diese bei der Geburt starb.

Auf den Straßen der Großstädte leben weltweit Millionen von Kindern.

Überlege mal, was deine Familie für dich tut.

Sie kaufen dir **Kleidung** und **Schuhe**, wenn du neue brauchst.

Sie sagen dir, wann du **aufräumen** und ins **Bett** gehen sollst.

Sie versuchen dir zu **helfen**, wo sie nur können.

Väter, Großväter, Onkel, Cousins, Stiefväter, Pflegeväter, Adoptivväter, Betreuer

Große Schwestern spielen mit dir.

Kleine Schwestern schmusen mit dir.

Familiensinn

Familien sind genauso verschieden wie die einzelnen Menschen. Familienmitglieder können – müssen aber nicht unbedingt – miteinander verwandt sein. Es ist auch unwichtig, wie viele Mitglieder eine Familie hat, solange alle sich mögen und sich gegenseitig helfen.

Burundi Nach furchtbaren Kämpfen sind in Burundi viele Kinder zu Waisen geworden. Eine Frau namens Maggy gründete ein Heim, in dem sie alle Kinder auf dem Foto betreut.

... Kinder, die kein Zuhause haben, kommen oft zu Pflegeeltern. Vielleicht können sie später zu ihren Eltern zurück oder werden adoptiert.

Lesotho Diese Mutter und ihr Sohn wohnen in einem katholischen Heim. Hier leben über 40 junge Frauen, einige davon haben Kinder. Im Heim erhalten die Frauen eine Ausbildung und stellen Gegenstände her, die auf dem Markt verkauft werden.

... Manche Eltern haben sich getrennt und leben nicht mehr zusammen. Im Normalfall wohnen die Kinder dann bei einem Elternteil und besuchen den anderen regelmäßig.

Großbritannien Diese Familie besteht aus einer Mutter, einem Vater und einem adoptierten Kind. Kinder, deren Eltern nicht für sie sorgen können, werden manchmal von einer anderen Familie adoptiert. Vorher wird geprüft, ob die zukünftigen Adoptiveltern mit dem Kind zurechtkommen.

... Es ist völlig in Ordnung, dass Adoptivkinder an ihre biologischen Eltern denken, auch wenn sie sich bei ihrer Adoptivfamilie glücklich und geborgen fühlen.

Pakistan In vielen Ländern sind Familien, in denen zahlreiche Generationen zusammenleben, ganz normal. Wenn in Pakistan ein Mann heiratet, zieht seine Braut zu ihm in sein Elternhaus. Ihre Kinder wachsen inmitten von Großeltern, Tanten, Onkeln und Cousins auf.

... In einer Großfamilie wie dieser braucht man nie einen Babysitter, denn es ist immer jemand da, der sich um die Kinder kümmern kann.

China Dies ist eine kleine Familie. Sie besteht aus Vater, Mutter und nur einem Kind.

... China ist nicht viel kleiner als die USA, hat aber mehr als viermal so viele Einwohner. Es ist ein sehr dicht bevölkertes Land.

Finnland Familie Oikarinen hat 20 Kinder: 6 Söhne und 14 Töchter im Alter zwischen 3 und 27 Jahren.

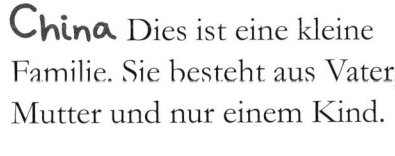 ... Die durchschnittliche Kinderzahl liegt in finnischen Familien bei 1,8, doch Bertta und Seppo Oikarinen gehören einer religiösen Bewegung an, die ihre Anhänger zum Kinderkriegen ermutigt.

Ivana

Bis vor zwei Jahren lebte Ivana in einem Heim für Kinder und Erwachsene. Einige Bewohner waren geistig krank, andere waren körperlich behindert und manche hatten keine Behinderungen. Die Wohn- und Lebensbedingungen waren aber für alle schlecht.

Kosovo

Nach einem jahrelangen Krieg herrscht im Kosovo wieder Frieden. Die meisten Menschen, die hier leben, sind Kosovo-Albaner.

RUMÄNIEN

KROATIEN

BOSNIEN-
HERZEGOWINA   SERBIEN

BULGARIEN

MONTE-
NEGRO   KOSOVO

ALBANIEN

MAZE-
DONIEN

KINDERHEIM
Mit 10 Jahren kam Ivana in ein funkelnagelneues Kinderheim, in dem nur acht Kinder mit ihren Erziehern leben.

„Ich bleibe lange auf, um mit meinen Zimmermitbewohnerinnen Marina und Jasmina zu spielen. Sie sind meine besten Freundinnen. Ich fühle mich hier sehr wohl."

BETREUUNG
Die Erzieher im Heim sorgen wie Eltern für die Kinder und nehmen sich viel Zeit für sie.

„Wenn ich groß bin, werde ich Krankenschwester und gebe den Babys die Spritzen so vorsichtig, dass sie nicht weinen."

SCHULE
In dem Heim, in dem sie früher war, konnte Ivana nichts lernen. Erst seit sie im Kinderheim ist, besucht sie die örtliche Grundschule.

„Ich mag die Schule, außer, wenn wir so viel aufbekommen, dass ich keine Zeit mehr habe, um mit meinen Freundinnen zu spielen."

„Meine Spielsachen sind toll!"

Kein Kind sollte durch

Arbeit ausgebeutet werden.

Mühe, Erschöpfung, keine Freizeit,

Arbeiten, um leben zu können

Erwachsene arbeiten, um Geld zu verdienen.
Auch viele Kinder müssen arbeiten, um die Familie zu unter-
stützen. Diese Kinder haben weniger Zeit für andere Dinge.
Arbeit kann Spaß machen und zum Erwachsenwerden beitragen.
Arbeit darf aber nicht gefährlich sein. Sie soll kein Kind am
Spielen, Lernen und Glücklichsein hindern.

Langeweile, niedrige Löhne

Warum arbeiten Kinder?

Über **210 Millionen** Kinder zwischen 5 und 14 Jahren müssen ihren Lebensunterhalt selbst verdienen, mehr als die Hälfte ist dabei Gefahren ausgesetzt. Oft müssen die Kinder mühsame und schlecht bezahlte Arbeit verrichten.

● Die meisten Kinder, die den ganzen Tag arbeiten, verdienen für ihre Familien mit. Auch wenn der Lohn niedrig ist, kann ihr Beitrag unentbehrlich sein.

● Viele Kinder, die arbeiten müssen, haben keine schöne Kindheit. Kinderarbeit ist oft eintönig.

● Manche Unternehmen beschäftigen kleine Kinder, weil sie ihnen nur wenig Geld bezahlen müssen und sie ausnutzen können.

● Einige Arbeiten sind gefährlich. Die Kinder können sich verletzen oder krank werden.

● Es gibt auch Teilzeitarbeit, die Kindern nicht schadet.

● Es ist wichtig, ausbeuterische und schädliche Kinderarbeit von solchen Tätigkeiten zu unterscheiden, die Kindern keinen Schaden zufügen.

Nicht jede Arbeit schadet Kindern.

Arbeit ist in Ordnung, wenn ...

- ... die Kinder nicht zu jung dafür sind.
- ... die Kinder jederzeit Pause machen können.
- ... die Kinder trotzdem spielen und lernen können.
- ... der Lohn angemessen ist.
- ... die Tätigkeit nicht die Gesundheit gefährdet.
- ... die Kinder genug Freizeit haben.
- ... die Kinder fair behandelt werden und sich beschweren können, wenn dies nicht der Fall ist.

Arbeit ist schädlich, wenn ...

- ... die Kinder dafür zu jung sind.
- ... die Tätigkeit gefährlich ist.
- ... nicht genug Pausen eingeplant sind.
- ... die Jobs schlecht bezahlt sind.
- ... Kinder deshalb nicht in die Schule gehen können.
- ... Kinder von der Familie getrennt werden.
- ... Kinder ausgenutzt werden.

Probleme mit Kinderarbeit

Bestimmte Arten von Arbeit (z. B. körperlich schwere Tätigkeiten) passen nicht zu Kindern und sollten nirgendwo geduldet werden.

Viele Kinder dürfen nie einfach nur Kinder sein.

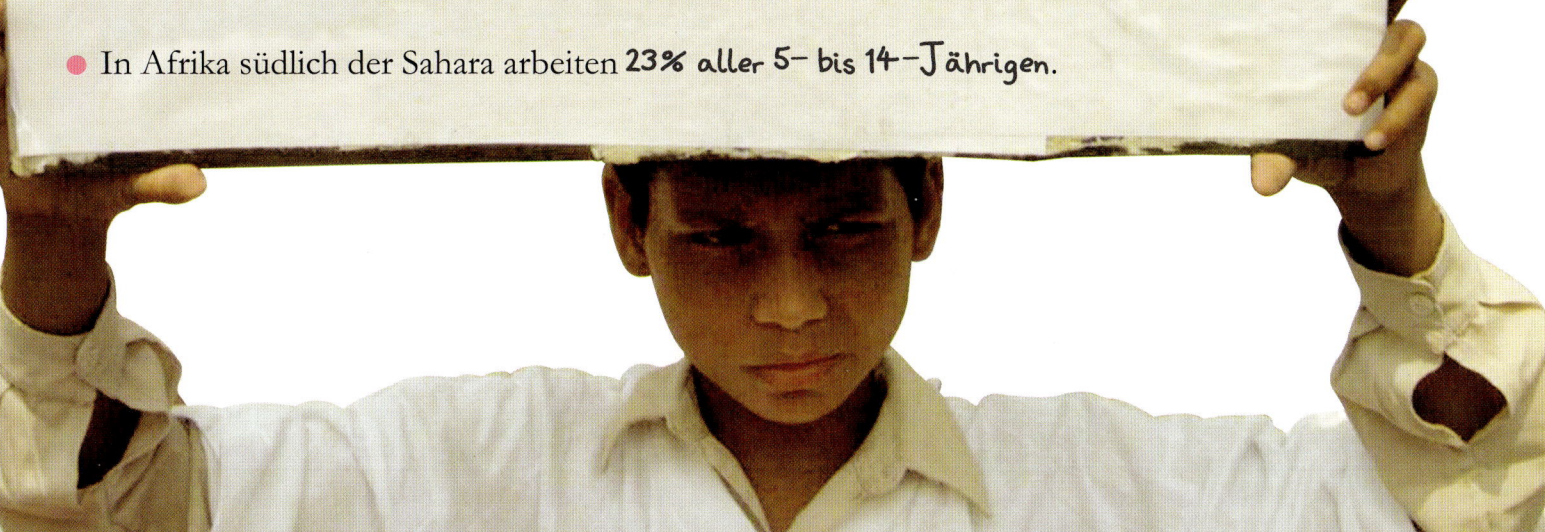

- 73 Millionen arbeitende Kinder sind jünger als 10. Sie haben keine Gelegenheit, Schulen zu besuchen, und ihre Lebenserwartung ist geringer als bei Kindern, die nicht arbeiten müssen.

- In Brasilien, Kenia und Mexiko ist mindestens jeder vierte Landarbeiter jünger als 15.

- Manchmal müssen schon 8-jährige Kinder zum Arbeiten ins Ausland gehen.

- Von allen Berufstätigen arbeiten Kinder oft am längsten und verdienen am wenigsten.

- Millionen von Mädchen arbeiten viele, viele Stunden am Tag als Dienstmädchen in Privathaushalten, wo sie häufig auch geschlagen und missbraucht werden.

- In Afrika südlich der Sahara arbeiten 23% aller 5- bis 14-Jährigen.

Harte Arbeit

In vielen Ländern beschränken Gesetze die Anzahl der Stunden, die Kinder arbeiten dürfen. Meistens ist auch festgelegt, ab welchem Alter Kinder Ganztagsjobs annehmen können. Denn eigentlich haben Kinder schon eine Arbeit: die Schularbeit, und die sollte immer Vorrang haben.

Ecuador Rosita arbeitet wie ein Drittel der Bevölkerung Ecuadors in der Landwirtschaft. Hier hilft sie bei der Weizenernte. Das ist eine sehr schwere Arbeit, wenn man sie von Hand erledigen muss.

... Landwirtschaftliche Arbeiten fallen oft zu bestimmten Jahreszeiten an. In einigen Gegenden schließen dann die Schulen, damit die Kinder mithelfen können.

Mauretanien Mame Diara ist Waise und lebt bei ihren Cousins. Sie erledigt die meisten Hausarbeiten: Sie kocht z. B., wäscht die Wäsche und versorgt die Tiere.

⋯ Wer an Kinderarbeit denkt, vergisst oft, dass Millionen von Kindern nicht auf Feldern und in Fabriken arbeiten, sondern in Haushalten.

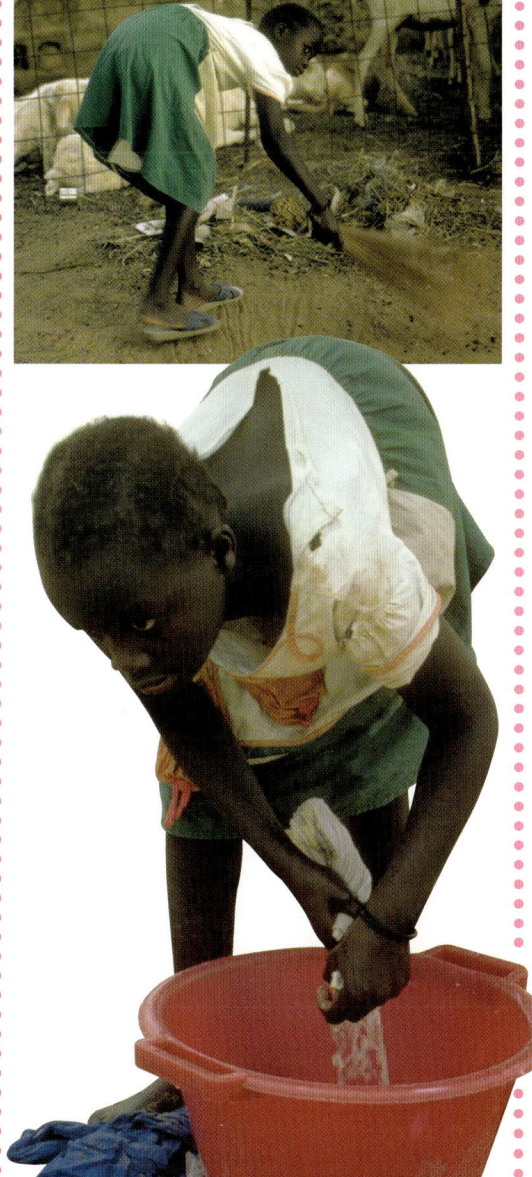

Großbritannien Douglas lebt auf dem Bauernhof seines Vaters. Er hilft immer, wenn er Zeit hat. Seine Hauptaufgabe besteht darin, die fünf Hunde zu füttern.

⋯ Douglas wird bei seiner Arbeit nicht ausgebeutet. In vielen europäischen Ländern dürfen Kinder eine bestimmte Stundenzahl arbeiten, sofern die Arbeit nicht gefährlich ist.

Irak Der 10-jährige Dana verkauft auf den Straßen von Erbil Süßigkeiten. Dana arbeitet viel und verdient wenig. Er lebt in der Gefahr, krank oder überfallen und ausgeraubt zu werden.

⋯ Kinder, die auf der Straße arbeiten, versäumen nicht nur die Schule, sondern sind oft auch Opfer von Verbrechen. Sie werden beleidigt, ausgeraubt oder misshandelt.

Arif

Durch ein besonderes Hilfs-
programm konnte Arif, der in
einem Slum wohnt,
Reporter einer
Fernsehshow von
Kindern für
Kinder werden.
Bei der Show
Mukta Khabor ist
Arif ein Star.

Bangladesch

60% der Bewohner von
Bangladesch haben nicht
genug Geld für ihren
Lebensunterhalt. Fast 25%
der Bevölkerung sind zwi-
schen 12 und 17 Jahre alt.

RIKSCHA-WERKSTATT

Wie viele andere Kinder aus den Slums
musste Arif neben der Schule arbeiten.
Die Arbeit war hart und schlecht bezahlt.

... „Wenn ich stundenlang Rikschas
bemalt hatte, taten mir die Hände weh.
Jetzt ist alles
anders geworden.“

Fahrradrikscha

KINDERREPORTER

Die jungen Redakteure von *Mukta Khabor* recherchieren, berichten und leiten die Show selbstständig. Sie wurden zum Vorbild für andere junge Bangladescher.

Mukta Khabor-Logo

MALEN

Bei seiner Arbeit in der Rikscha-Werkstatt entdeckte Arif sein Talent für die Kunst. Heute malt er gerne in seiner Freizeit.

... „Toll ist, wenn die Leute sagen, dass sie mich im Fernsehen gesehen haben."

... „Ich verdiene viermal so viel wie früher und lerne jeden Tag etwas Neues."

FAMILIE

Arif hat drei Brüder: Sharif ist neun, Rajiv ist sieben und Raju ist vier. Arif freut sich, dass er seine Familie mit seinem Reportergehalt unterstützen kann.

Arifs Bilder

... „Wenn ich Präsident wäre, würde ich den Eltern helfen, damit Kinderarbeit unnötig wird."

GEMEINSCHAFTSKÜCHE

In der Küche, die sie sich mit anderen Familien teilen, kocht Arifs Mutter ein Fischgericht. Die Familie isst immer gemeinsam.

Kein Kind sollte im

Krieg kämpfen müssen.

Angst, Verwirrung, Gefahr,

Nichts für Kinder

Krieg gehört zum Alltag vieler Kinder.
Krieg entwurzelt Familien und zerstört Gemeinschaften.
Nach einem Krieg brauchen Kinder Hilfe, um ihr Leben wieder
aufzubauen. Kinder sind die unschuldigsten Opfer von Kriegen.
Mitunter werden sie sogar mit hineingezogen und gezwungen
mitzukämpfen. So wird ihnen ihre Kindheit genommen.

Panzer, Soldaten, Zerstörung

Was passiert im Krieg?

Kein Kind hat jemals einen Krieg begonnen,
doch **jeden Tag** sterben Kinder durch Kriege.
Kein Kind sollte einen Krieg erleben müssen.

• **An ein normales Leben** ist in Kriegszeiten nicht zu
denken. Die Menschen müssen ihre Häuser verlassen
und auch Schulen und Krankenhäuser werden zerstört.

• **Familien** leiden unter dem Krieg. Sie können
auseinandergerissen werden. Viele Menschen sterben
oder erleiden seelische und körperliche Verletzungen.

• **Die Schäden** wirken noch lange nach Kriegsende
weiter. Kinder und Erwachsene müssen sich ihr Leben
neu aufbauen und wieder lernen unter normalen
Bedingungen zu leben.

Krieg ist kein Spiel.

In den 1990er-Jahren starben über **2 Millionen Kinder** in Krie

28 Millionen Frauen und Kinder mussten fliehen.

In mehr als **30 Ländern** toben zurzeit Kriege.

6 Millionen Kinder sind kriegsversehrt.

Kinder haben das Recht, vor den Kriegsgefahren geschützt zu werden.

Kriege töten nicht nur, sie schädigen die
Menschen auch auf viele andere Arten.

- **Krieg zerstört Leben.** Die meisten
Menschen, die in einem Krieg getötet
oder verletzt werden, sind keine Soldaten,
sondern unbewaffnete Menschen. Am
stärksten leiden Frauen, Kinder und Alte.

- **Krieg zerstört die Kindheit.**
Kinder, die furchtbare Erlebnisse hatten,
sind oft deprimiert und können sich
nicht mehr freuen. Manche Kinder
werden auch zornig oder gewalttätig.

- **Krieg zerstört Häuser.** Im Krieg
müssen die Menschen ihr Zuhause verlassen und werden zu Flüchtlingen. Oft
können sie nicht mehr zurück. Millionen
von Kindern werden so heimatlos.

- **Krieg zerstört Freude.** Noch
lange nach Ende eines Kriegs liegen
unter Grundstücken und in Häusern
Minen, die Kinder und Erwachsene
verletzen oder töten können.

Fakten über Landminen

Jedes Jahr werden über 10 000 Kinder von Landminen getötet oder verletzt.

In 90 Ländern der Welt sind Kinder durch Landminen gefährdet.

Die Herstellung einer Landmine kann billiger als 3 Euro sein, ihre Entsorgung kostet über 1000 Euro.

Im Krieg leiden Unschuldige Menschen.

Weitere Millionen haben die Folgen von Kriegen nicht überlebt.

Viele kehrten nie **nach Hause** zurück.

Etwa **300 000 Kinder** kämpfen in diesen Kriegen.

Landminen töten oder verletzen täglich **30 Kinder**.

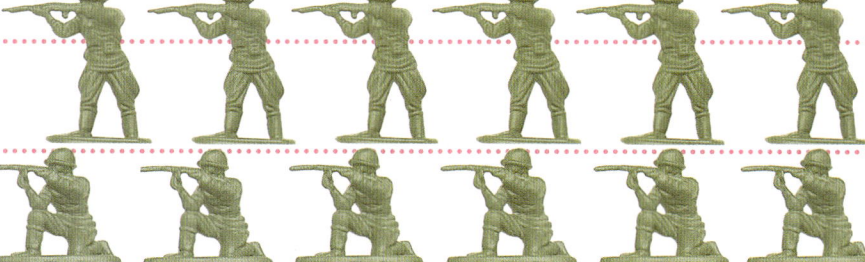

Vom Krieg geschädigte Kinder brauchen Hilfe.

Leben nach dem Krieg

Krieg ist für alle Menschen furchtbar, besonders aber für Kinder. Wie schädigen Kriege die Kinder? Und wie kann man Kindern helfen, sich nach einem Krieg wieder zu erholen?

Diese früheren Kindersoldaten steigen Hand in Hand in ein Flugzeug der Vereinten Nationen, um in ein besseres Leben zu fliegen.

Sudan Diese Kinder wurden dazu gezwungen, im Bürgerkrieg mitzukämpfen. Jetzt werden sie zu Zentren geflogen, in denen sie unterrichtet und medizinisch und psychologisch betreut werden. UNICEF und andere Organisationen bemühen sich, ihre Familien ausfindig zu machen. Man versucht ihnen zu helfen, damit sie später nach Hause zurückkehren und ein normales Leben führen können.

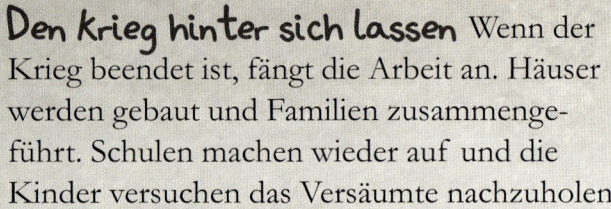

Den Krieg hinter sich lassen Wenn der Krieg beendet ist, fängt die Arbeit an. Häuser werden gebaut und Familien zusammengeführt. Schulen machen wieder auf und die Kinder versuchen das Versäumte nachzuholen.

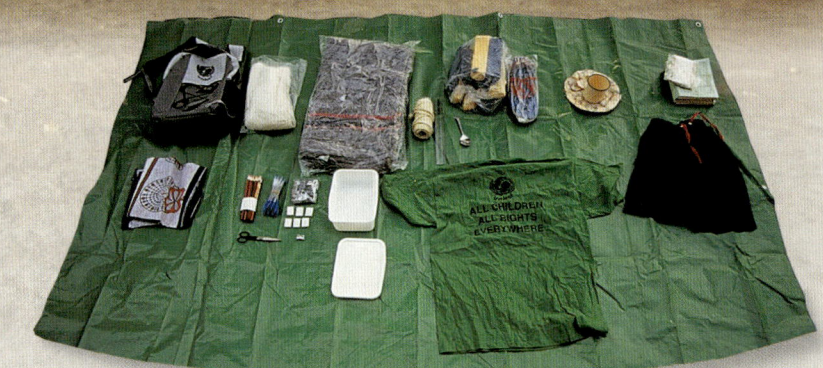

Erste Ausrüstung Als kleine Einstiegshilfe in den normalen Alltag bekommen ehemalige sudanesische Kindersoldaten ein Paket. Darin stecken Kekse mit hohem Proteingehalt, Verbandsmaterial, Schulsachen und ein T-Shirt, auf dem steht: „Alle Kinder. Alle Rechte. Überall."

Ruanda Diese Jungen aus Ruanda haben die Kämpfe überlebt. Nun versucht man ihnen dabei zu helfen, ihre Erlebnisse zu verarbeiten. In einem von UNICEF mitfinanzierten Zentrum, in dem sie psychologisch betreut werden, spielen sie mit selbst gebastelten Gewehren Szenen nach, die sie im Krieg miterleben mussten.

... Diese Familie wurde durch den Krieg auseinandergerissen, konnte aber dank Hilfsorganisationen wieder zusammengeführt werden.

Angola Obwohl der Krieg nun vorüber ist, lauert unter der Erde weiterhin Gefahr. Dieser Mann erklärt Kindern in einem Flüchtlingslager den Umgang mit Landminen. Schätzungen zufolge liegen in Angola noch zwischen 10 und 15 Millionen Landminen, die jederzeit explodieren können. Weltweit bedrohen 50 bis 100 Millionen Landminen Kinder und Erwachsene.

Entschärfte Landminen

... Landminen sind sehr grausame Waffen. Der größte Teil ihrer Opfer sind Zivilpersonen, die lange nach Kriegsende durch Minen verletzt werden.

Ex-Jugoslawien Ein aus dem Kosovo vertriebener Junge hält einen Schirm über seine Mutter, die das kleinere Kind im Arm hält. Die Familie wartet auf einen Bus, der sie in das benachbarte Albanien und damit in Sicherheit bringen wird. Ebenso wie viele andere haben auch diese Flüchtlinge ihr Zuhause in großer Eile verlassen und den Großteil ihres Besitzes zurücklassen müssen.

... Auf der Flucht vor Kriegsgefahren werden Familien sehr häufig auseinandergerissen. UNICEF versucht, möglichst viele Kinder wieder mit ihren Familien zusammenzubringen.

Zum Schutz der beteiligten Personen wurden alle Namen verändert.

... „Ich liebe Fußball. Wenn ich nicht Arzt werde, werde ich vielleicht Profifußballer."

Isa

Während des Bürgerkriegs in Sierra Leone wurde Isa von Kämpfern entführt. Zwei Jahre später konnte er zusammen mit anderen Kindern befreit werden. Jetzt ist Isa endlich wieder zu Hause.

WIEDER ZUSAMMEN

Die Caritas betreute Isa ein Jahr lang. Dann kehrte er zu seiner Familie zurück. Gerade besuchte Isa eine Weihnachtsfeier, die von der Caritas veranstaltet worden war.

Sierra Leone

Der Bürgerkrieg in Sierra Leone forderte unzählige Todesopfer. Fast jeder Dritte musste von zu Hause fliehen.

GUINEA

SIERRA LEONE

LIBERIA

... „Ich habe zwei Brüder namens T-Boy und Yasuf und zwei Schwestern, Sally und Kai. Meine jüngste Schwester Marie ist erst fünf Monate alt. Ich spiele auch viel mit meinen Cousins Momoh, Jeneba und Fatu."

SPIEL MIT FREUNDEN

Isa besitzt kein Spielzeug, aber es sind immer andere Kinder zum Spielen da.

... „Mit meinem besten Freund Brima spiele ich oft Dame. Außerdem üben wir gerne den Ball zu jonglieren."

Ball jonglieren

ERNTEZEIT

Im Krieg baut man nichts an, denn vielleicht muss man schon vor der Ernte wieder fliehen. Aber jetzt ist wieder Frieden und Isa hat Erdnüsse gepflanzt.

... „Ich würde meinem Land gerne helfen, denn es ist so viel zerstört worden, was wieder aufgebaut werden muss."

„Ich möchte Arzt werden."

ZEIT FÜR DIE SCHULE

Der Vater begleitet Isa auf dem Schulweg. Isa trägt eine Schuluniform. Er lernt Rechnen, Englisch, Erdkunde, Sozialkunde und liest die Bibel.

... „Durch den Krieg habe ich drei Jahre Schule versäumt. Jetzt bin ich zehn Jahre alt und gehe sehr gerne zur Schule. Mein Lieblingsfach ist Englisch."

Kein Kind darf wegen einer

Behinderung

benachteiligt werden.

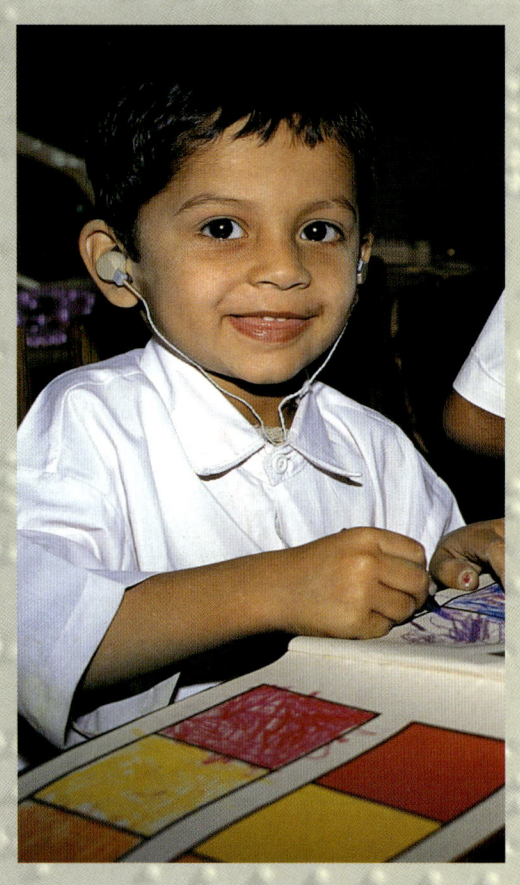
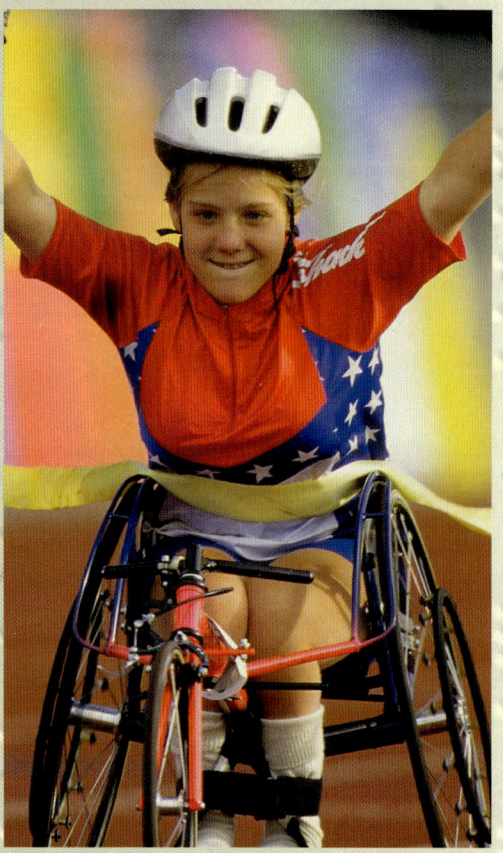
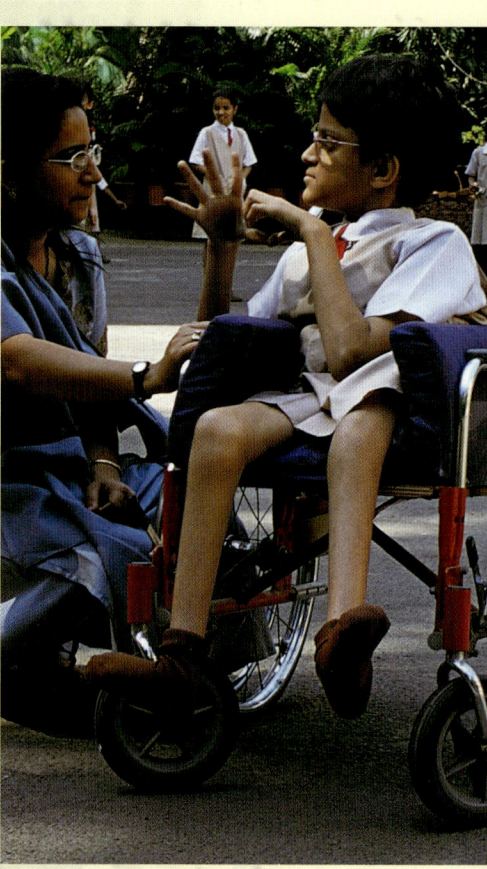

Chancen, Respekt, Geduld,

Ein aktives Leben

Jeder Mensch verdient ein erfülltes Leben.
Menschen mit Behinderung brauchen dazu manchmal
zusätzliche Hilfe. Verständnis und Anteilnahme sind die Voraus-
setzungen dafür. Viele Behinderungen können nie ganz geheilt
werden, aber man kann dafür sorgen, dass behinderten
Menschen möglichst viele Chancen offenstehen.

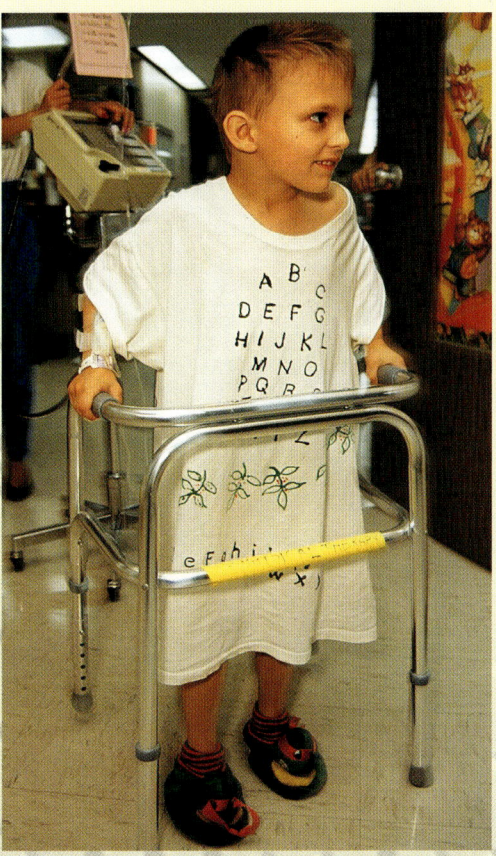
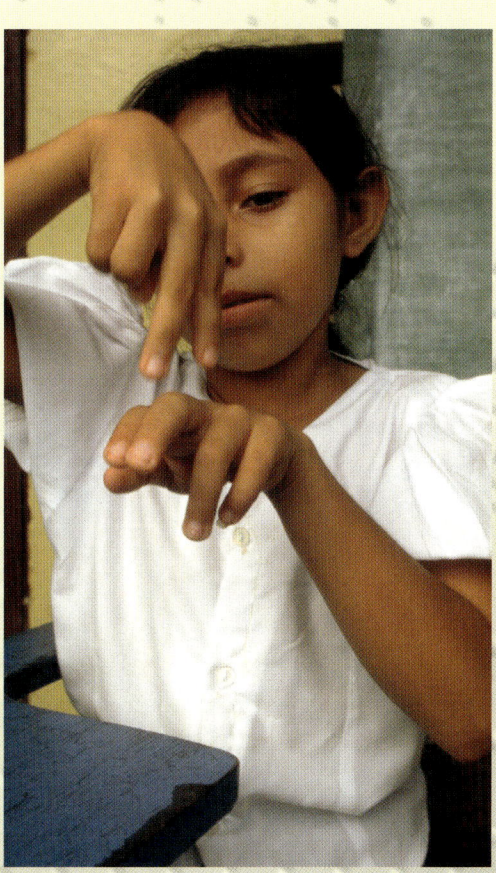

Unterstützung, Verständnis

Wie lebt man mit Behinderung?

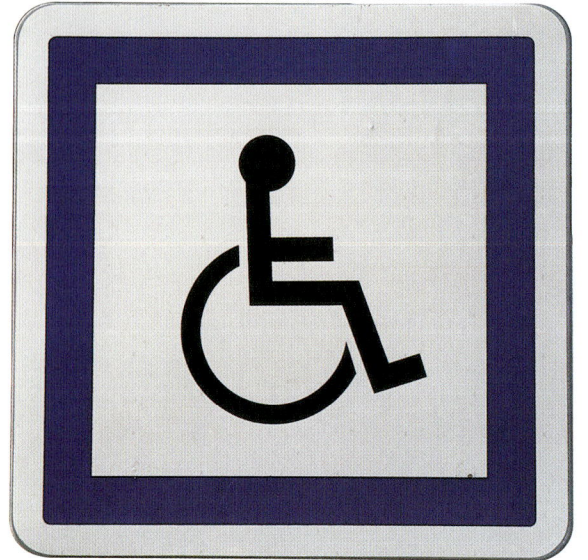

Stell dir vor, du müsstest dich ohne Hilfe deiner Beine bewegen oder könntest beim Spielen deine Freunde nicht sehen.

● **Behinderte Kinder** sind genau wie alle anderen Kinder, nur dass Teile ihres Körpers nicht so gut funktionieren. Mit etwas Unterstützung können auch Kinder mit Behinderungen ein weitgehend normales Leben führen.

● Das größte **Problem** von behinderten Kindern sind Leute, die ihre Bedürfnisse nicht verstehen. Am besten hilft man Behinderten, indem man sie fragt, welche Hilfe sie brauchen – und ihnen auch zuhört.

Manche Behinderungen wirken sich nur leicht auf

● Manchmal brauchen Behinderte **besondere Geräte**

● **Ausbildung** und **Training** können weiterhelfen.

● **Operationen** und **Medikamente** bessern einige

● Behinderte wollen **normal behandelt** werden.

Es gibt sehr unterschiedliche Behinderungen:

- **Körperliche:** Schwierigkeiten mit einem Körperteil.

- **Geistige:** Manche erschweren das Denken oder Lernen.

- **Sichtbare:** fehlende Glieder oder die Unfähigkeit zu laufen.

- **Unsichtbare:** wie Taubheit oder Leseschwäche.

Behinderungen haben viele Ursachen:

- Manche Kinder werden behindert **geboren**. Andere hatten einen **Unfall**.

- Manche Kinder sind infolge eines **Krieges** behindert, andere infolge einer **Krankheit**.

Kinder mit **Behinderungen** sollten keine Außenseiter sein. Sie sollten wie andere Kinder behandelt werden, eine Schule besuchen und **ein normales Leben** führen dürfen.

Wie kannst du helfen?

Sei geduldig mit Menschen, die zusätzliche Hilfe brauchen. Zeige Verständnis.

Biete Menschen mit Behinderungen deine Hilfe an.

Mache dich nie über behinderte Menschen lustig.

das Leben aus, andere sehr stark.

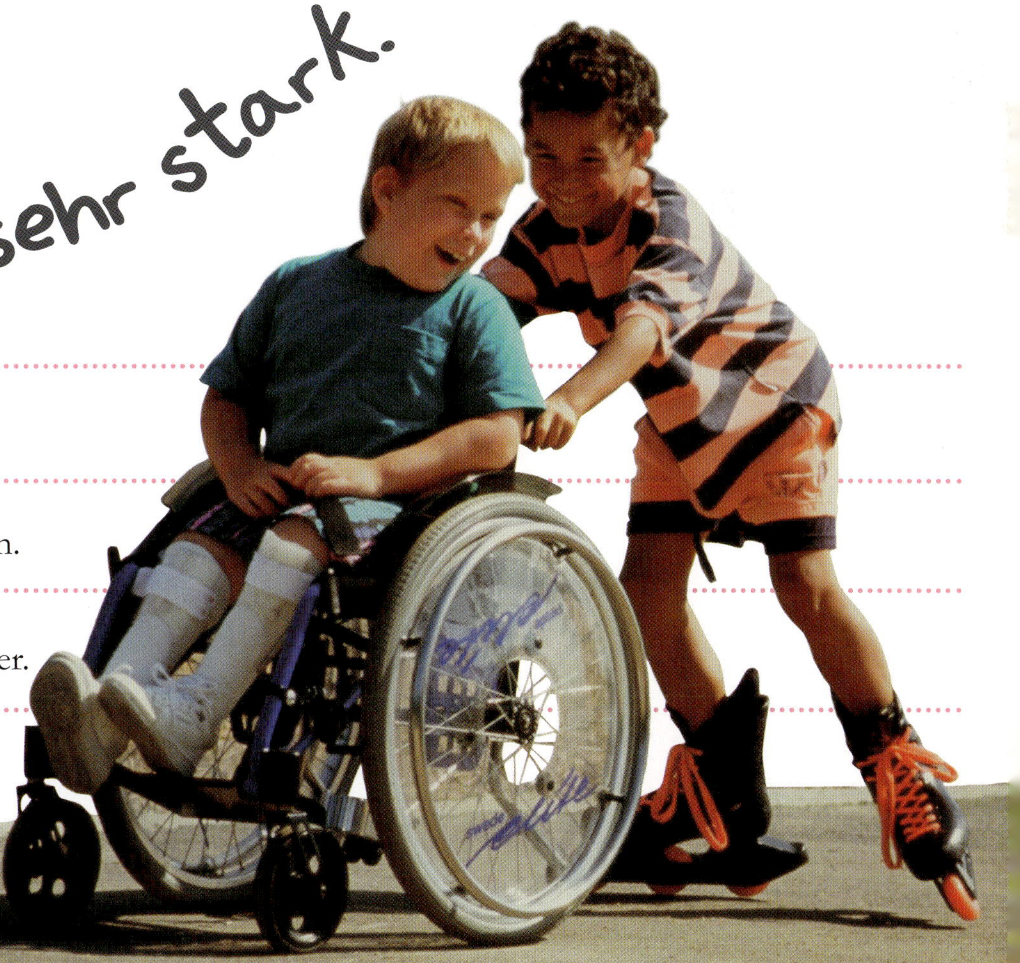

wie z.B. **Hörgeräte** oder **Prothesen**.

Blindenhunde können blinde Menschen führen.

Behinderungen und machen das Leben leichter.

Mit Behinderungen leben

Manche Menschen mit Behinderungen können nicht sehen, sprechen, hören oder gehen. Anderen fällt alles nur etwas schwerer. Gegen einige Behinderungen können Ärzte etwas unternehmen. Oft entwickeln Behinderte neue Verhaltensweisen, um sich das Leben leichter zu machen. Und wie alle anderen wollen auch sie rücksichtsvoll behandelt werden.

Kuba Julia war zwei Jahre alt, als sie an einem Augenleiden erkrankte. Sie wurde beinahe blind, doch eine Operation in der fliegenden Augenklinik *ORBIS* heilte ihre Augen. Die Klinik ist sehr ungewöhnlich: Sie befindet sich an Bord eines Flugzeugs.

... Im Flugzeug fliegen mehrere Ärzte mit. In jedem Land, das sie besuchen, führen sie Operationen durch. Dabei sehen ihnen bis zu 50 Mediziner aus dem jeweiligen Land zu. So lernen die einheimischen Ärzte Operationen vorzunehmen, die vielen helfen können.

Jamaika Dieses Mädchen kann nicht laufen. Trotzdem bewegt sie sich ohne fremde Unterstützung fort. Mithilfe der Ringe an den Rädern kann sie ihren Rollstuhl vorwärts- oder rückwärtsschieben.

... Wenn ein Körperteil behindert ist, übernimmt manchmal ein anderer Körperteil dessen Aufgaben.

Kosovo Burim hat bei einem Unfall beide Beine verloren. Jetzt lernt er, mit Prothesen und einer Gehhilfe zu gehen. Er hofft, eines Tages ohne Hilfsmittel laufen zu können.

... Auch Körperbehinderte können gute Sportler sein. Die besten von ihnen nehmen an den Paralympics teil.

Rumänien Mithilfe eines Spiegels übt eine Sprachtherapeutin mit einem Jungen das Sprechen. Probleme beim Sprechen können viele Ursachen haben. Manche Sprachbehinderte hören schlecht oder haben Schwierigkeiten, die Muskeln zu steuern, die sie zum Sprechen brauchen. Auch eine Gehirnverletzung kann zu Sprechbehinderungen führen.

... Mit Geduld und der Hilfe von Sprachtherapeuten können Kinder, die gar nicht oder undeutlich sprechen, ihre Sprechfähigkeit und ihr Selbstvertrauen stärken.

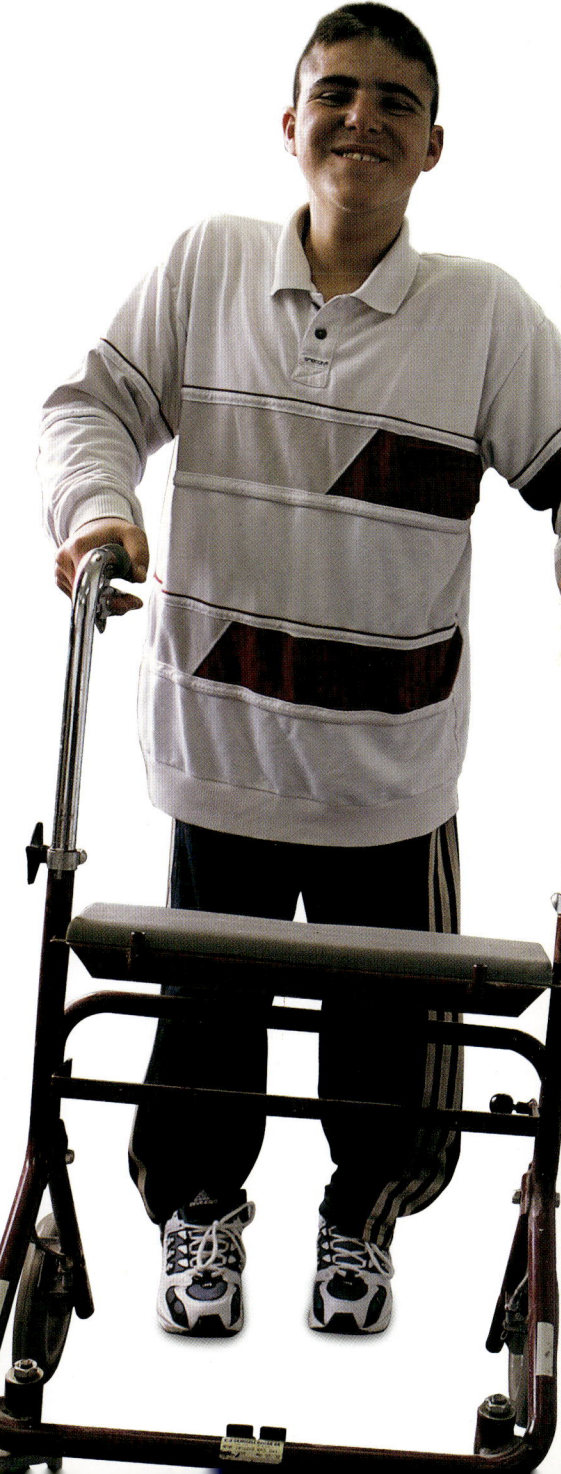

Nicaragua Gehörlose können sich in Gebärdensprache miteinander unterhalten. Die Gebärdensprache ist von Land zu Land verschieden.

... Gehörlose können auch lernen Worte von den Lippen anderer Menschen abzulesen. An den Lippenbewegungen erkennen sie, was jemand sagt.

CJ

CJ lebt in Atlanta in den USA. Als er fünf Jahre alt war, wurde er von einem Auto überfahren. Er musste wieder gehen und sprechen lernen. Heute ist CJ nur noch leicht geistig behindert – und ein begeisterter Fußballer.

UNTERSTÜTZUNG DURCH DIE FAMILIE

CJs Familie ist sehr stolz, dass er so gut Fußball spielt. Seine Angehörigen verpassen kein Spiel, bei dem er dabei ist.

„CJ hat viel geleistet, um das zu erreichen, was er geschafft hat. Er lässt sich nie entmutigen. Er ist ein gesegnetes Kind."
(CJs Mutter)

GENESUNG

Man sagte CJs Eltern, dass er sie beim Aufwachen aus dem Koma nicht erkennen würde. Doch CJ erkannte sie sofort.

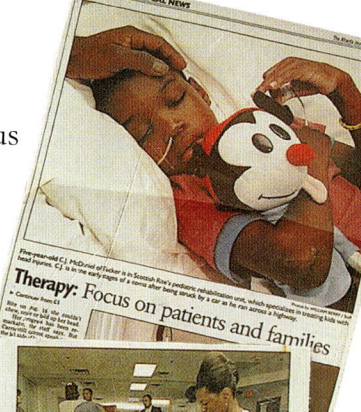

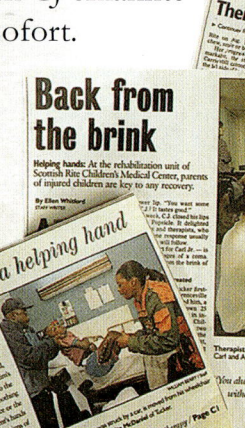

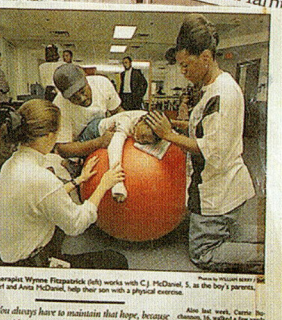

USA

Die Vereinigten Staaten von Amerika (USA) sind aufgrund ihrer Fläche und der Bevölkerungszahl das drittgrößte Land der Welt.

KANADA

USA

Atlanta •

MEXIKO

SPECIAL OLYMPICS

CJ spielt bei den Special Olympics. Diese Organisation bietet weltweit Sportmöglichkeiten für geistig Behinderte an.

... „Meine Mannschaft heißt Trickum Tigers. Ich bin gerne Verteidiger und nutze jede Gelegenheit, an den Ball zu kommen."

FUSSBALLFANS

Fußball ist in den USA zwar nicht so beliebt wie anderswo, doch auch hier gibt es viele Fans. 1994 fand die Weltmeisterschaft in den USA statt.

... „In meinem Team sind wir zu acht. Wir trainieren jeden Morgen und treten gegen andere Teams an."

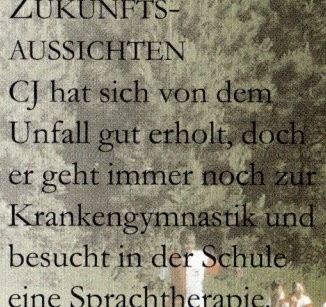

CJs Fußballschuhe

ZUKUNFTS-AUSSICHTEN

CJ hat sich von dem Unfall gut erholt, doch er geht immer noch zur Krankengymnastik und besucht in der Schule eine Sprachtherapie.

... „Ich möchte Feuerwehrmann werden. Dann kann ich den Leuten helfen, wenn ihre Häuser brennen."

SPORTTROPHÄEN

CJ hat außer beim Fußball auch beim Baseball, beim Basketball und beim Bowling schon Pokale gewonnen.

4. Beteiligung

Jedes Kind hat das Recht auf eine **Identität**, zu der ein Name, eine Nationalität und oft eine Religion gehören.

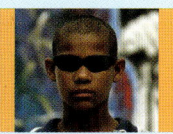

Beteiligung – Hauptwort; beteiligen – Tätigkeitswort: **1.** an etwas teilnehmen lassen; **2.** an etwas teilhaben lassen; **3.** sich beteiligen, mitmachen, dazugehören.

Jedes Kind hat die Freiheit sich **auszudrücken**.

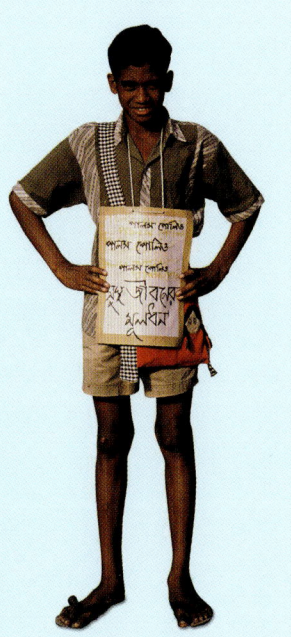

Jedes Kind hat ein Recht darauf, in seinem **Leben** seine Fähigkeiten und Möglichkeiten kennenzulernen und auszuleben.

Jedes Kind hat das Recht auf eine eigene

Identität

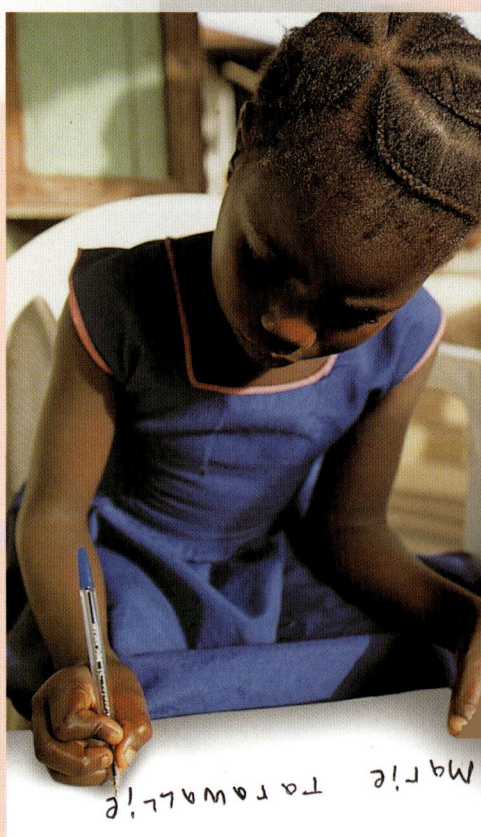

Religion, Nationalität, Name

Wer bin ich?

Jeder will zu einer Gemeinschaft gehören.

Manche Kinder sind von der Gesellschaft ausgeschlossen, weil sie keinen Namen oder keine Nationalität haben. Wenn man einen Namen, eine Nationalität und das Recht auf Ausübung seiner Religion hat, kann man aktiv am Leben seines Landes und seiner Gemeinschaft teilnehmen.

Familie, Kultur, Gemeinschaft

Wer bist du?

Wie heißt du? Woher kommst du? Welcher Glaubensgemeinschaft gehörst du an? Niemand darf dir diese Identität wegnehmen

Du hast einen ganz besonderen **Namen**. Was bedeutet er für dich?

- **Dein Name** kann in der Sprache, die du sprichst und die für deine Kultur oder Religion wichtig ist, etwas bedeuten.

- **Dein Name** stellt eine Verbindung zwischen dir, deiner Familie und deiner Gesellschaft her.

- **Dein Name** kann von deiner Familie oder einer Persönlichkeit deiner Gemeinschaft für dich ausgesucht worden sein.

- **Dein Name** ist ein Teil von dir. Die Menschen, die dich achten, nennen dich bei deinem richtigen Namen.

Jeder sollte die Religion

Es gibt viele verschiedene Religionen – z. B. Christentum, Islam, Judentum, Hinduismus und Buddhismus.

Jede Religion hat ihre Lehre – Juden haben die Thora. Hindus haben die Veden. Muslime haben den Koran.

Jede Religion kennt besondere Feiertage – Muslime feiern Id al-Fitr. Buddhisten feiern den Wesak-Tag.

Jede Religion hat ihre heiligen Orte – Buddhisten haben Lhasa. Sikhs haben Amritsar. Muslime haben Mekka.

Jede Religion kennt unterschiedliche Formen der Andacht – stille Gebete, laut gesprochene Gebete, Gesänge,

$Jeder$ wird irgendwo geboren.
Warum hat dann nicht jeder eine Staatsangehörigkeit?

• Manchmal werden Kinder nach der Geburt nicht gemeldet, weil ihre Eltern Angst davor haben, Regierungsbehörden zu betreten.

• Manchmal werden Kinder durch Kriege zu Flüchtlingen. Vielleicht müssen sie dann in einem anderen Land leben, dessen Staatsangehörigkeit sie nicht haben.

• Manchmal erkennen Regierungen ihren Bürgern die Staatsangehörigkeit ab. Oft ist dafür ein Krieg die Ursache.

• Manchmal erkennen Regierungen Angehörige bestimmter Völkergruppen nicht als Staatsangehörige an.

Was können Regierungen tun?

Sie sollten den nicht gemeldeten Kindern eine Staatsangehörigkeit verleihen. Außerdem sollten Regierungen alle in ihrem Land geborenen Menschen als Bürger anerkennen und Flüchtlingen helfen nach Hause zurückzukehren.

seiner Wahl ausüben können.

Außerdem gibt es noch die Sikhreligion, die Rastafari-Religion, Parsismus, Bahai und viele andere.

Christen haben die Bibel. Sikhs haben den Adigrantha. Buddhisten haben das Tipitaka.

Hindus feiern Diwali. Christen feiern Weihnachten. Sikhs feiern Baisakhi. Juden feiern Passah.

Christen, Juden und Muslime haben Jerusalem. Hindus haben Varanasi. Katholische Christen haben Rom.

Tänze, Meditationen, besondere Speisen, das Anzünden von Kerzen oder Räucherstäbchen.

Was Namen bedeuten

Dein Name ist ein wichtiger Bestandteil deiner Identität. Er ist ein Teil von dir. Kannst du dir vorstellen, wie es wäre, ohne Namen zu leben? Für Kinder sind Namen sehr wichtig – und für ihre Eltern auch. Weißt du, was dein Name bedeutet?

„Bilal ist ein sanfter Name. Es ist der Name des ersten Mannes, der die Muslime zum Gebet rief."

Bilals Eltern wollten ihm einen Namen geben, der mit ihrer Religion zu tun hat. Sie nannten ihn nach Bilal, einem Gefährten Mohammeds.

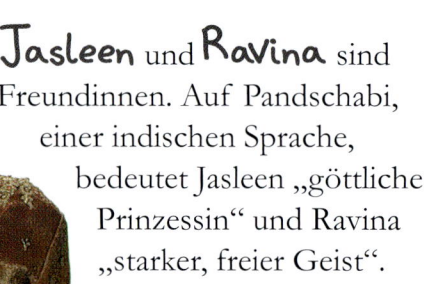

Jasleen und **Ravina** sind Freundinnen. Auf Pandschabi, einer indischen Sprache, bedeutet Jasleen „göttliche Prinzessin" und Ravina „starker, freier Geist".

„Meine Eltern haben für mich den Namen Ravina ausgesucht, weil sie mir einen freien, unabhängigen Charakter wünschen. Außerdem benannten sie mich nach einem berühmten Fluss, der Ravi heißt."

Paul Der Name Paul bedeutete ursprünglich „klein". In der Bibel ist es der Name von einem der zwölf Apostel.

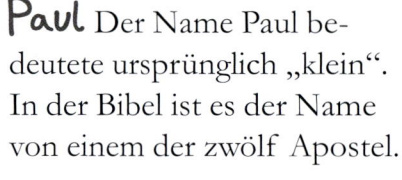

„Mein Name hat für meine Eltern keine besondere Bedeutung. Aber sie fanden, dass er schön klingt."

Junique Juniques Familie erfand für sie diesen Namen, weil er etwas Besonderes ist – genau wie sie.

„Meinen Eltern gefiel der Klang des Namens Mark. Deshalb haben sie mich so genannt."

Meena bedeutet „Prinzessin". Ihre Eltern gaben ihr diesen Namen, weil sie für sie etwas Besonderes ist – wie eine Prinzessin.

„Mein Vater fand mich einzigartig. Deshalb setzte er vor ‚unique' (‚einzigartig' auf französisch) ein J. So wurde daraus Junique."

Mark ist die Kurzform von Markus. Er war in der Bibel einer der zwölf Apostel und schrieb eines der vier Evangelien.

„Mir gefällt der Name. Er gibt mir das Gefühl, etwas Besonderes zu sein."

Meegan ist ein altes englisches Wort, das „stark" bedeutet. Meegans zweiter Vorname ist Timothea und bedeutet: „Gott ehren".

Teresa Der Name Teresa hört sich so ähnlich an wie das chinesische Wort für „glücklich".

Haresh kommt aus der Sprache Hindi. „Har", der erste Teil des Namens, bedeutet „Gott".

„Mein Name gefällt mir. Meine Eltern wünschen sich, dass ich so stark werde, wie es mein Name ausdrückt."

„Meine Mutter nannte mich Teresa, weil sie so glücklich war, als ich geboren wurde."

„Als ich ein paar Monate alt war, gingen meine Eltern zum Tempel und der Priester zog den Buchstaben H. So gaben meine Eltern mir einen Namen mit H."

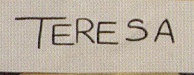

Nationalität

Alle Nationen und Menschen sind einzigartig. Durch deine Nationalität oder

Staatsangehörigkeit stehst du unter dem Schutz deines Staates. Sie bedeutet

auch, dass du Kultur und Geschichte mit den anderen Bürgern des Staates teilst.

Bangladesch Bangladesch trennte sich von Pakistan und wurde 1971 nach einem langen Bürgerkrieg unabhängig. Heute ist Bangladesch ein dynamischer junger Staat.

••• Kinder nehmen an der Kampagne „Sag ja zu Kindern" teil, die vom Staat ins Leben gerufen wurde. Durch die Kampagne sollen Maßnahmen unterstützt werden, die das Leben von Kindern schützen und ihre Lebensbedingungen verbessern.

Nordirland Stephen, Ruairi und Connell sind stolz auf ihre irische Herkunft – und Fans ihres gälischen Fußballteams.

... Gälischer Fußball ist ein alter irischer Sport, bei dem zwei Mannschaften einen Ball über ein Netz schlagen oder schießen.

Peru Die meisten Bewohner Perus sind südamerikanische Indianer und Nachfahren der Inka, die einst über Peru herrschten.

... In den peruanischen Bergen leben Millionen von Indianern, die immer noch die alte Sprache Quechua sprechen und die traditionelle Lebensweise beibehalten.

Spanien Uxue lebt in Santander, der Hauptstadt der nordspanischen Provinz Kantabrien. Diese Provinz liegt in der Nähe des Baskenlands. Die Menschen dort haben eine einzigartige Sprache und Kultur.

... Die Landschaften Nordspaniens unterscheiden sich von südlicheren Gegenden. Kantabrien ist gebirgig und das Klima ist nicht so heiß. Es ist sehr schön.

Südafrika In Südafrika leben viele verschiedene afrikanische Völker sowie Nachkommen von Einwanderern aus Indien und europäischen Ländern.

... Südafrika hat elf Amtssprachen. Neun davon sind afrikanisch. Dagegen stammen die Sprachen Afrikaans und Englisch von niederländischen und britischen Einwanderern, die im 19. Jahrhundert kamen.

Najaha und Abdisukri

Najaha und Abdisukri sind Geschwister. Sie kamen mit ihrer Familie als Flüchtlinge aus Somalia in die Niederlande. Sie verstehen sich als Somalier, die in den Niederlanden leben.

GEWÖHNUNG AN NEUES
In der Schule spielen Najaha und Abdisukri mit Kindern, die aus vielen verschiedenen Ländern stammen. Weil sie bei ihrer Flucht aus Somalia noch klein waren, fiel ihnen die Umstellung nicht schwer.

„Ich lebe gerne hier, aber das Wetter mag ich nich[t]. Es regnet ständig und es ist zu kalt."

Die Niederlande
Die Niederländer sind sehr gastfreundlich und nehmen schon seit langem Flüchtlinge und Menschen in Not auf.

NIEDERLANDE

DEUTSCH-LAND

BELGIEN

Familienfotos von Abdisukri und Najaha

ZWEI SPRACHEN
Abdisukri und Najaha sprechen zu Hause mit ihren Eltern Somali. Meistens unterhalten sie sich aber auf Niederländisch

„Ich möchte gerne Fußballprofi werden und beim Fußballclub Willem II spielen. Bei diesem Verein spielt mein Lieblingsspieler Jatto Ceesay, der aus Gambia kommt."

FUSSBALLFIEBER
Abdisukri spielt in der Jugendmannschaft eines berühmten Vereins, der sich „Willem II" nennt.

TÄGLICHES GEBET
Abdisukri, Najaha und ihre Eltern sind Muslime. Die Familie betet fünfmal am Tag. Sie gehen auch zusammen in die Moschee, wo sie Freunde und Bekannte treffen.

Ein Teller mit Koranversen

„Ich spiele für mein Leben gerne Fußball. Mein Trainer nennt mich Abdi. Er ist sehr stolz auf mich."

Abdisukris Fußballpokal

SCHULE UND FREIZEIT
Najaha mag am liebsten Mathe, Lesen, Geschichtenschreiben – und Freizeitparks. Nahaja nimmt die Schule sehr ernst, denn sie möchte später Rechtsanwältin werden.

„Ich habe keine beste Freundin. Alle meine Freundinnen sind beste Freundinnen."

Najahas Schulsachen

„Am liebsten essen wir Samosas."

LIEBLINGSGERICHT
Zu Hause wird somalisch gekocht. *Samosas* sind mit Gemüse und Fleisch gefüllte und frittierte Teigtaschen.

Religion

Jede Religion spielt im Leben ihrer Gläubigen eine große Rolle. Deshalb ist es wichtig, dass jeder Mensch im Einklang mit seiner Religion leben darf.

Jüdische *Thora*-Rolle und Zeigestab   Buddhistische Gebetsmühle aus Tibet

Südkorea Diese Kinder in der Sonntagsschule einer Pfingstkirche beten sehr konzentriert und mit geschlossenen Augen.

... Eine Hälfte der südkoreanischen Bevölkerung ist christlich, die andere buddhistisch.

Myanmar Mit der Zeremonie *Shinbyu* treten Jungen für kurze Zeit in ein buddhistisches Kloster ein. Wenn sie älter sind, können sie entscheiden, ob sie Mönche werden möchten.

USA Diese Kinder singen in einem Gospelchor. Gospelmusik ist sehr fröhlich. Beim Singen klatschen die Kinder in die Hände und fühlen sich Gott nahe.

... Die Gospelmusik entwickelte sich aus den Liedern, die afrikanische Sklaven mit nach Amerika brachten.

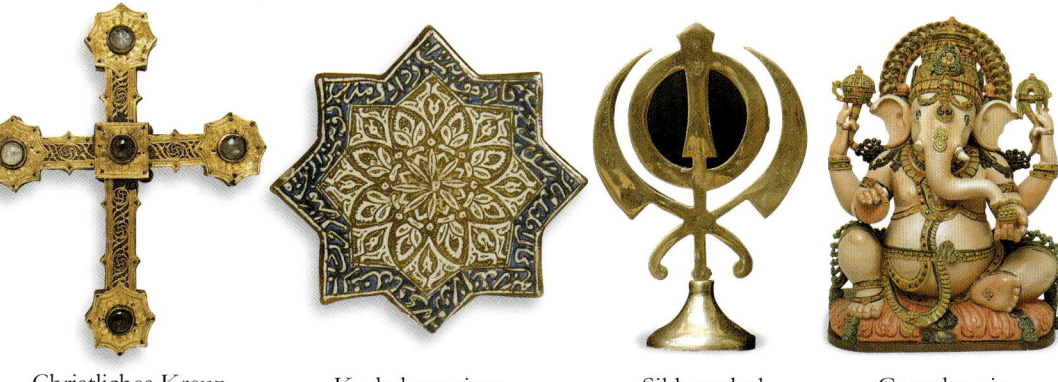

Christliches Kreuz

Kachel aus einer Moschee

Sikhsymbol *Nishan Sahib*

Ganesha, ein Hindugott

Indien Bei einer Feier, die ihren Eintritt ins Erwachsenenalter besiegelt, erhalten die Jungen bei den Parsen ein geweihtes Hemd und eine Schnur, die sie ihr Leben lang tragen werden. Damit sind sie vollwertige Mitglieder der Gemeinschaft.

... Die Jungen sind wie Prinzen aus der Zeit der ersten buddhistischen Priester gekleidet, die über 2000 Jahre zurückliegt. Die Eltern sind sehr stolz.

... Die heilige Schnur wird Kusti genannnt und steht für die drei Dinge, die das Leben eines Erwachsenen bestimmen sollen: gute Gedanken, gute Taten und gute Worte.

EIN NEUES LEBEN
Als Elis Familie die Umsiedlung plante, war Eli besorgt und zugleich gespannt auf das neue Leben in Israel.

Eli

Eli zog von Usbekistan in der früheren Sowjetunion nach Israel. Obwohl seine Familie jüdisch ist, wusste Eli nicht viel über den jüdischen Glauben, bevor er nach Israel kam.

YEMIN ORDE
Viele von Elis Klassenkameraden leben im Yemin-Orde-Jugenddorf, weil sie ohne Eltern nach Israel kamen. Sie lernen im Unterricht viel über das Judentum und nehmen auch außerhalb der Schule an religiösen Veranstaltungen teil. Jeden Samstag feiern sie *Shabbat*, den jüdischen Sabbat.

WEST-JORDAN-LAND

GAZA

ISRAEL

JORDANIEN

ÄGYPTEN

Israel
Juden aus aller Welt machten Israel zu ihrer neuen Heimat. In Israel leben aber auch Anhänger anderer Religionen.

„Meine Schule heißt Yemin Orde. Ich bin hierhergekommen, damit ich mehr über das Judentum lerne."

AUS ALLER WELT

Die Schüler von Yemin Orde kommen unter anderem aus Äthiopien, der früheren Sowjetunion, Brasilien, Mexiko, Kolumbien, der Slowakei, Bosnien, Rumänien, Marokko, Indien, Frankreich, Italien, Großbritannien, Martinique – und aus Israel.

... „Es ist interessant, jungen Leuten aus so vielen Ländern zu begegnen. Wir sind alle Juden, aber wir haben unterschiedliche Bräuche, die wir uns hier gegenseitig zeigen."

Tefillin-Kapsel mit Versen aus der *Thora*

GEBET

In Yemin Orde gibt es eine schöne Synagoge. Beim Beten trägt Eli eine *Kippa*, den *Tallit* genannten Schal und *Tefillin*, kleine Gebetsriemen mit Versen der *Thora*.

... „Wir sollen täglich beten, aber es ist nicht Pflicht. Es macht Spaß, mehr über das Judentum zu erfahren."

Kippa

THORA

Eli liest die *Thora* – das heilige Buch der Juden – in Hebräisch, aber er hat auch eine russische Übersetzung, um alles besser zu verstehen.

TOPA

Thora

... „Ich mag die besondere Atmosphäre, die am Sabbat herrscht. Manchmal verbringe ich ihn mit meiner Familie, aber ich gehe nicht immer in die Synagoge."

Jedes Kind hat das Recht auf freien

Ausdruck

Meinungen, Beiträge, Respekt,

Worte und Taten

Sage, was dich bewegt und was dir wichtig ist.
Sich auszudrücken bedeutet auch sich zu beteiligen.
Man kann sich auf unterschiedlichste Art ausdrücken.
Dadurch teilen wir anderen mit, was wir mögen und was
wir ablehnen, wie wir denken und fühlen. Auf diese Weise
erfahren wir mehr über andere und über uns selbst.

Engagement, Ideen, Individualität

Sage deine Meinung!

Welche **Ansichten** und **Ideen** hast du? Glaubst du, dass sie wichtig sind? Ja, du hast recht: Sie sind tatsächlich wichtig. Deine **Gedanken** und **Vorstellungen** könnten die Welt verändern.

● Die Welt ist ein **großartiger**, **lustiger**, **beängstigender**, **wundervoller**, **aufregender** Ort, aber sie könnte besser sein. Glaubst du, dass es in deiner Schule oder anderswo Probleme gibt, die du lösen könntest?

● Jeder hat das Recht, seine **Meinung** zu sagen – Erwachsene genauso wie Kinder. Menschen, die ihre Ansichten **nicht** mitteilen dürfen, sind traurig: Sie leben in einer Welt, die sie nicht ändern können.

Wie viele verschiedene Ausdrucksweisen kennst du?

● Bei der Sondersitzung der Vereinten Nationen über die Rechte von Kindern im Mai 2002 in New York konnten Kinder mitreden. Hier bekamen Kinder aus aller Welt die Möglichkeit, mit den Regierenden über das zu sprechen, was sie betrifft.

Unternimm etwas und trage dazu bei, dass die Welt besser wird:

Drücke deine Meinung aus und beteilige dich.

• **Überlege,** was deiner Ansicht nach verbessert werden müsste oder welches Problem gelöst werden soll. Es kann mit deiner Schule, deiner Stadt oder auch einem fernen Land zu tun haben.

• **Bringe** möglichst viel über das Problem in Erfahrung und sprich mit Freunden darüber. Vielleicht gibt es andere Gruppen, die sich auch damit beschäftigen.

• **Denke** darüber nach, wie du als Kind helfen kannst das Problem zu lösen. Vielleicht hast du selbst kein Geld, kannst aber Erwachsene davon überzeugen, für einen wichtigen Zweck zu spenden.

• **Finde** einen Weg, um einen Beitrag zu leisten. Es kann ein kleiner Schritt sein wie der, Energie zu sparen. Oder ein großer: Du gründest selbst eine Organisation.

Bringe Erwachsene zum Zuhören

Besprich mit deinen Eltern oder Lehrern, wann sie Zeit haben dir zuzuhören.

Gib Informationen dazu, auf die sich deine Meinung stützt.

Höre zu, wie deine Eltern oder Lehrer zu deiner Meinung stehen.

Bleibe ruhig und behandle die anderen mit Respekt.

Schützt die Tiere

Rettet die Delfine

Frieden

Durch Kunst: Zeichne, male, bastle, fotografiere, filme, schreibe. So kannst du dich anderen mitteilen.

Indem du mitmachst: Trenne den Müll, beteilige dich an Aufräumaktionen im Wald oder an Seen.

Durch Gespräche: Tausche mit anderen Gedanken aus. Versuche Dinge von verschiedenen Seiten zu sehen.

Indem du Leute kennen lernst: Dadurch machst du Bekanntschaft mit neuen Ideen und Sichtweisen.

Indem du dich mitteilst: Wenn andere Kinder ähnlich denken, könnt ihr gemeinsam etwas ändern.

Freiheit des Ausdrucks

Menschen halten Reden, schreiben Geschichten, malen Bilder, komponieren und musizieren, tanzen und spielen in Theaterstücken. Manchmal wollen wir uns ausdrücken, weil wir eine Meinung haben und sie anderen mitteilen möchten. Manchmal haben wir einfach nur ein starkes Bedürfnis, das auszudrücken, was wir fühlen. Was auch immer der Grund sein mag: Wir haben Freude daran, uns auszudrücken, und sind stolz auf diese Fähigkeit.

Brasilien Diese Kinder der Tanzschule EDISCA sprechen über das Stück, das sie gerade einstudieren. Darin geht es um Menschen, die auf einer Müllhalde leben. Die Kinder der Ballettgruppe kommen selbst aus benachteiligten Familien.

••• In einer Ballettgruppe muss jeder hart arbeiten: die Tänzerin, die sich bemüht anmutig ihr Gleichgewicht zu halten, ebenso wie der Tänzer, der sie stützt.

Brasilien Diego steht vor einem Wandbild, das er gemalt hat. Es stellt den jamaikanischen Reggaemusiker Bob Marley dar. Künstler können alleine, aber auch zu mehreren an einem Bild arbeiten.

... Weil Diego sein Bild auf eine Wand gemalt hat, können es sich viele Menschen anschauen. Ein Bild wie dieses macht eine Straße außerdem bunter und damit schöner.

Botsuana Diese Mädchen nehmen einen Beitrag über AIDS für eine Radiosendung auf. AIDS ist in Afrika ein großes Problem und die Sendung soll junge Leute über die Krankheit informieren.

Bolivien Ein Junge lernt einen Gitarrentyp zu spielen, der in den Anden gebräuchlich ist. Die Noten und Griffe hat er in sein Heft geschrieben.

... Wenn man ein Instrument beherrscht, macht es Spaß, zusammen mit anderen zu spielen.

... Ausdrücken kann man sich z.B. durch Malerei, Tanz und Musik, aber auch durch Worte. Kinder sollten Dinge zur Sprache bringen, die sie betreffen oder beschäftigen.

Taralyn

„Ich begleite traditionelle Trommler, Sänger und Tänzer mit einer Handtrommel und Rasseln. Ich glaube, das wird mir immer viel Spaß machen."

Taralyn besucht in der Nähe von Seattle in den USA die Chief-Leschi-School , die vom Stamm der Puyallup betrieben wird. Die Schüler gehören über 60 verschiedenen indianischen Stämmen an. Außer den üblichen Fächern lernen sie auch viel über indianische Traditionen.

USA

Als vor 500 Jahren Europäer nach Amerika kamen, lebten hier bereits Hunderte von indianischen Völkern.

SPRACHEN
Obwohl manche Kinder indianische Sprachen sprechen, ist Englisch Unterrichtssprache.

HEILIGES LAND
Das Schulgebäude wurde rund um eine Fläche heiliges Land errichtet, die beim Bau nicht angetastet wurde. Weder Lehrer noch Schüler betreten sie.

„Von unserer Schule aus kann man Mount Rainier sehen. Manchmal fliegen Adler über unsere Schule. Ich finde, dass das etwas Besonderes ist."

KREISZEIT

Während der Kreiszeit, die jeden Tag stattfindet, können die Kinder überlieferte Lieder singen, trommeln und mehr über die anderen Stämme erfahren.

„Kreiszeit mag ich, weil wir da singen, trommeln und tanzen. Manchmal haben wir Gäste oder es werden Geschichten erzählt."

„Powwows sind gesellige Zusammenkünfte. Wir haben diesen Brauch von den Prärie-Indianern übernommen und haben viel Spaß dabei."

KULTURTAG

Jedes Jahr veranstaltet die Schule einen Kulturtag zu Ehren indianischer Traditionen. Die Einheimischen werden eingeladen mitzutanzen. Die Kinder basteln vorher Geschenke, die sie am Kulturtag verteilen.

GESCHICHTENPFAHL

Auf dem Schulgelände stehen Geschichtenpfähle. Jeder steht für eine bestimmte Sage. Es dauert Monate, sie zu schnitzen.

„Der Geschichtenpfahl am Haupteingang der Schule erzählt, wie zwei schwarze Wale nach einer großen Flut den Fluss Puyallup entstehen ließen."

LACHSFEST

Für die Puyallup, die nahe der Küste leben, war Lachs ein Grundnahrungsmittel. Deshalb werden am Kulturtag immer Lachse gegrillt.

Jedes Kind hat das Recht auf ein

glückliches Leben

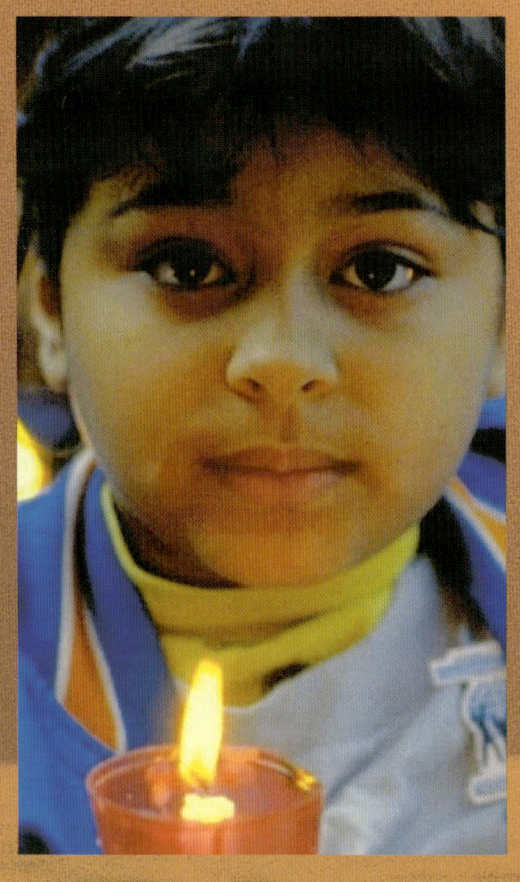

Träume, Wünsche, Pläne, Ziele,

Deine Ziele sind wichtig!

Die Zukunft liegt in deiner Hand.

Du kannst die Welt verbessern. Was wünschst du dir für die Zukunft? Überall auf der Welt sind Kinder aktiv daran beteiligt, das Leben in ihrer Gesellschaft zu verbessern. Wenn wir zusammen helfen, können wir eine Welt schaffen, in der Glück für alle möglich ist.

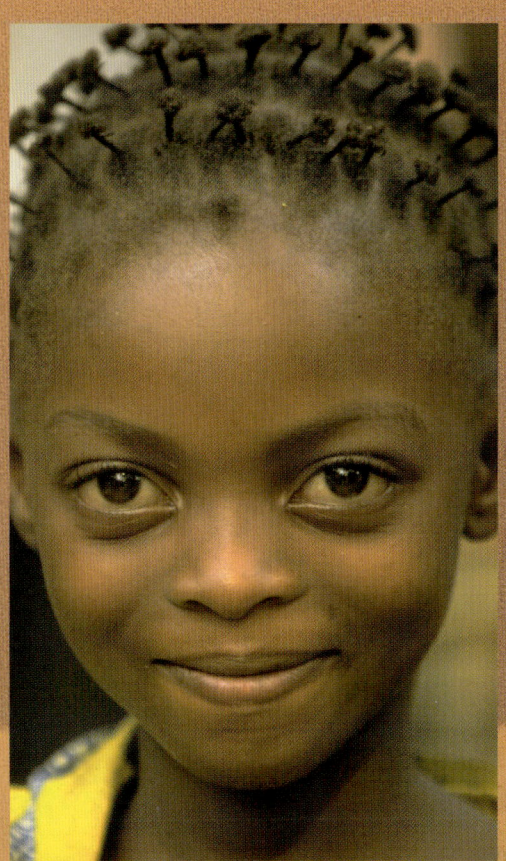

Erfüllung, Hoffnung, Glück

Sibasish

Die Weltgesundheitsorganisation, UNICEF und andere Organisationen versuchen Kinderlähmung zu besiegen. Sibasish ist Teamleiter in einem Projekt, das die Familien in Kalkutta in Indien über die Krankheit aufklärt und ihnen Impfungen empfiehlt.

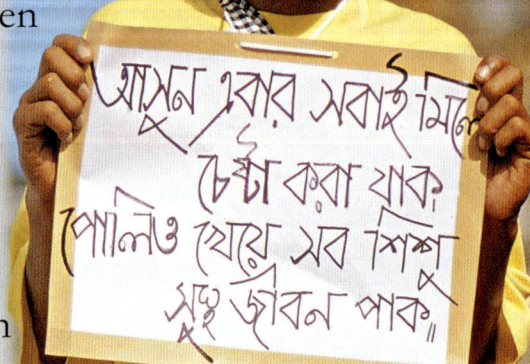

TÖDLICHE KINDERLÄHMUNG

Polio (Kinderlähmung) ist eine sehr ansteckende Krankheit. Sie kann durch Wasser oder Nahrung übertragen werden. Polio beginnt wie eine Grippe kann aber Lähmungen verursacher und manchmal tödlich sein

„Wir gehen mit Postern durch die Straßen. Auf meinem steht: ‚Lasst euch impfen und lebt ein gutes Leben'. Wir machen auch Musik und singen."

Polio-Impfstof

VON HAUS ZU HAUS

Sibasish spricht über Polio und lädt die Leute zu einem Impfschutztag ein, an dem ihre Kinder geimpft werden können. Die meisten lassen sich rasch überzeugen – und freuen sich über den Schutz vor der Krankheit.

Indien

Mit über einer halben Milliarde Einwohner ist die indische Bevölkerung die zweitgrößte weltweit. Im Süden Indiens herrscht tropisches Monsunklima, im Norden gemäßigtes Klima.

„Drei Tage in der Woche besuchen wir Familien mit Kindern unter fünf Jahren, schildern die Folgen von Polio und erklären, wie wichtig die Impfung ist."

DIE AKTION GEGEN POLIO

Jedes Jahr werden Kinder aus der Gegend von Kalkutta für die Aktion ausgebildet. Sie lernen dabei auch, sich mitzuteilen, zu organisieren und Verantwortung zu tragen.

„Manchmal landen wir bei Leuten, die schlecht gelaunt sind und uns rauswerfen. Aber wir geben nicht auf. Stattdessen kommen wir nach ein paar Tagen wieder, wenn sie sich beruhigt haben."

Bunte Tafeln

Aktionstasche

„Jedes Kind, das für die Kampagne arbeitet, hat eine besondere Tasche. Darin tragen wir die selbst gebastelten Tafeln für die Aktion."

IMPFSCHUTZTAG

Am Impfschutztag sehen die Kinder, dass die Aktion sich gelohnt hat. Sie schauen nach, ob die Familien ihre Kinder tatsächlich impfen lassen.

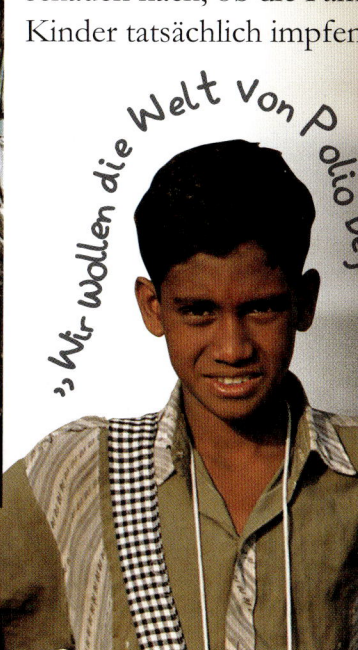

„Wir wollen die Welt von Polio befreien."

„Ich möchte dazu beitragen, dass Kinder eine bessere Zukunft haben."

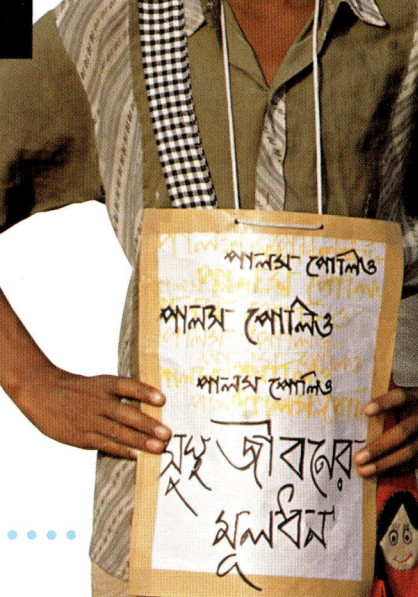

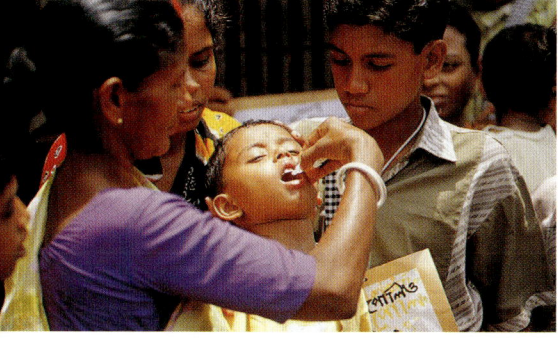

SCHLUCKIMPFUNG

Eine Krankenschwester impft ein Kind, indem sie zwei Tropfen Flüssigkeit auf seine Zunge träufelt. Insgesamt sind vier Impfungen nötig.

Mayerly

Mayerly ist Mitbegründerin der Kinder-
friedensbewegung in Kolumbien.
Damit antworten die Kinder auf
die Gewalt, die in ihrem Land
herrscht. Die Organisation
wurde dreimal für den
Friedensnobelpreis nominier

DIE KINDERBEWEGUNG FÜR DEN FRIEDEN

Die Idee zur Gründung entstand bei
einem Treffen zwischen Mayerly und
Kindern verschiedener Organisationen.
Mayerlys Freund Milton war bei einem
Straßenkampf getötet worden. Die
Kinder beschlossen, dass es Zeit war,
gegen die Gewalt anzugehen.

„Wir haben es satt. Wir
haben das Recht Kinder zu sein und
ohne Angst draußen zu spielen."

Kolumbien
Der seit über 40 Jahren
andauernde Bürgerkrieg
wirkt sich auf das Leben von
Millionen von Kindern aus.

PANAMA

VENEZUELA

KOLUMBIEN

ECUADOR

BRASILIEN

PERU

ÜBER DEN FRIEDEN LERNEN

Das Symbol der Kinderbewegung für den Frieden ist eine weiße Hand. Sie schmückt T-Shirts, Bücher und Fahnen. Mehr als 100 000 Kinder sind Mitglieder. Sie spielen und unterstützen sich gegenseitig, anstatt gewalttätigen Gangs beizutreten, sich Waffen zu besorgen und Drogen zu nehmen.

 „Die weiße Hand sagt Nein zur Gewalt."

FRIEDEN SCHAFFEN

Die Bewegung ist davon überzeugt, dass Kinder ein Recht auf Leben, auf Frieden und auf Liebe haben – und auch darauf, zusammen mit ihren Familien in Sicherheit zu leben. Umzüge wie diese haben die Regierung veranlasst, die Aufnahme von Jugendlichen unter 18 in die Armee zu verbieten.

Auf dem Transparent steht: „Ich schaffe Frieden." Die Friedenstaube schmückt die Fahne Kolumbiens.

MAYERLYS MAMA

Mayerlys Eltern haben befürchtet, dass ihre Tochter sich durch ihr Engagement in Gefahr bringen könnte. Heute sind sie sehr stolz auf Mayerly.

„Wir überzeugen Erwachsene und Kinder davon, dass dies der Weg in eine bessere Zukunft ist. Niemand kann 10 Millionen Kolumbianer töten, die den Frieden wollen."

„Durch Spiel und Freundschaft schaffen wir Frieden."

Register

Dank und Bildnachweis

DK dankt:

Allen Kindern und deren Eltern, die an diesem Buch beteiligt waren, und besonders: Anita McDaniel, Jacqueline Mliswa und Raili Jones.

Den Angehörigen von UNICEF und von Nationalen UNICEF-Komitees in allen Ländern, die wir besuchten, und ihren Mitarbeiten, besonders: Sara Cameron, Siddharth Dube, Hirut Gebre-Egziabher, Patricia Lone, Jan Mun, Tina Omari, Hashi Roberts, Ellen Tolmie, Nicole Toutounji (New York); Chulho Hyun (Afghanistan); Naseem-Ur Rehman (Bangladesch); Rochita Talukdar (Indien); Susan Aitkin (Laos); Bert Tielemans (Niederlande); Monica Awad (Autonome Palästinensische Gebiete); Cyriaque Ngoboka (Ruanda); Donald Robertshaw (Sierra Leone); Nance Webber (Sudan); Andy Bool (Großbritannien); Patrick Fruchet (Jugoslawien).

Allen mitwirkenden Schulen, Lehrern und Organisationen, besonders: Deborah Allen, Tami Cooper, Erika Hope (Chief-Leschi-School); Laura Buller (US-Beraterin); Tony Ackerman (Ellerton School); Michelle Berriedale-Johnson (Allergy Action); Lewsey Park Pool (GB); Planet Ice (GB); Sharon Knight (Wilbury Junior School, Letchworth, GB); Lisa Leblanc (Special Olympics, Georgia, USA); Sacha Kamau und Zoe Horner (The Travel Company, London); Tamsin Maunder (WaterAid); Chaim Peri, Susan Weijel (Yemin Orde, Israel); Cristina und Alex Zampalo.

Allen Mitarbeitern von Dorling Kindersley, besonders: Jacqueline Gooden, Tory Gordon-Harris, Cheryl Telfer (Unterstützung bei der Gestaltung); Abbie Collinson (Karten); Penny Arlon, Caroline Bingham, Simon Holland, Rebecca Knowles, Cynthia O'Neill (Unterstützung des Lektorats); Jane Oliver-Jedrzejak (Umschlag); Jenny Cavill, Kristen L'huede, Mariza O'Keeffe (Verwaltung); David Roberts (Kartografie); Alex Kirkham (Lizenzen); Sarah Mills, Gemma Woodward, Hayley Smith, Claire Bowers (Bildarchiv); Rosie Adams (DK Australien); Shuka Jain, Kiran

Mohan (Koordination der Fotografie, DK Indien). Chris Bernstein (Register); Lorrie Mack (Korrekturlesen).

Den Fotografen: Shome Basu (Indien), Andy Crawford (Niederlande, Spanien, GB, USA), Jim Holmes (Laos), Roger Lemoyne (Israel, Autonome Palästinensische Gebiete), Leon Mead (Australien), Shehzad Noorani (Bangladesch, Sudan, Jugoslawien), Rod Shone (GB), Jon Spaull (Ruanda, Sierra Leone), Asad Zaidi (Afghanistan).

Der Verlag dankt den folgenden Personen und Institutionen für die freundliche Genehmigung, ihre Abbildungen abzudrucken:

o = oben; u = unten; m = Mitte; l = links; r = rechts;

Andes Press Agency: 56ul, 57ul, 75um, 90ul, 114um; Lisa Payne 107or; Carlos Reyes-Manzo 60or, 100ul; **Art Directors & TRIP:** 30ul; H. Rogers 111om; **John Birdsall Photo Library:** 71ml; **Corbis:** 30-31, 51or, 74ur, 77, 84or, 90, 91ul, 103or, 110ul, 115um; Abbie Enoch 30um; Owen Franken 19m; Julie Houck 39um; Richard Hutchings 22or; Joel W. Rogers 39ur; Michael S. Yamashita 18ur; **Jane Cumberbatch:** 45or, 46ur; **Earth Images:** 12or; **Getty Images:** 69or, 90m; **Getty Images News Service:** 68ol, 82-83, 100-101; Don Smetzer 93ur; **Glasgow Museum:** 103um; **Hutchison Library:** 71or, 71mr; **Images Of Africa Photobank:** 30ul; **Impact Photos:** 122-123; **Jewish Museum:** 110or; **Joods Historisch Museum:** 102ur; **Magnum:** 4om, 4or, 5or, 8or, 23om, 23or, 23or, 30um, 44ol, 44or, 44oml, 44omr, 45ol, 45oml, 46ul, 46um, 47ul, 47um, 56um, 56ur, 57um, 57ur, 64ol, 64om, 66ul, 66om, 66ur, 67ul, 67om, 70mr, 74um, 75ul, 75ur, 76ol, 83um, 91ul, 94or, 94mr, 94ul, 94l, 95ul, 100um, 101ul, 101ur, 110ml, 110-101, 111mr; Daniel Alan Harvey 98oml, 114um; Steve Moss 122um; **Masterfile UK:** 66-67; **Network Photographers Ltd.:** Jenny Matthews 67ur; **Panos Pictures:** 71ul; **Pictorial Press Ltd:** 65oml; **Pictor Internatio-**

nal: 11ur, 58, 74-5, 91um; **Powell Cotton Museum:** 102ul; **Powerstoc Photolibrary:** 18-19; **Save the Children:** 19ul; Neil Cooper 47ur; **Science Photo Library:** 38-39; **Still Pictures:** 87m; Shehzad Noorani 10ul, 10u Hirimui Schwarzbach 10m; **Peter Stone:** 65or; **© UNICEF:** Blid Albsin 15r, 95ur; Cindy Andrew 18m; Patricio Baeza 119ur; Alejandro Balague 61ul, 76mr; David Barbour 61ur; Liza Barrie 93ol; Radhika Chalasan 87ur,123r; Franck Charton 64or, 74l; John Chiasson 122l; Stephanie Co vey 41ml; Donna DeCesare 6um, 99ur, 126m, 127ur; Lauren Goodsmit 64mol, 79ml, 79ul; Jeremy Horner 50ml, 50ul, 78m, 98or, 115r, 126u 127ol, 127or, 127m, 127mr, 127ul; Altaf Hossain 106m; Roger Lemoyn 14m, 14l, 22ul, 30or, 30ur, 36m, 36l, 37r, 39ur, 41um, 65ol, 82l, 82m, 82 83l, 95c, left back end paper; Stevie Mann 65tc, 86c, 86t, 86bl, 86b Susan Markisz 116mu; Ruby Mera 98omr, 114ul; Shehzad Noorani 9o 41om, 50or, 50ur, 61ol; Giacomo Pirozzi 8ol, 8oml, 8omr, 9om, 11l, 23 28or, 40l, 41mr, 51r, 60um, 61mr, 70ul, 79ul, 85or, 87o, 99or, 101m, 107u 115ur, 119ul; Betty Press 87ml; Nicole Toutounji 83r, 84um, 85um; Clau dio Versiani 99oml, 99omr, 118m, 118or, 119ol.

Cover: Corbis: Tim Page vorne ml; **Getty Images:** Brian Bailey hinten m Wayne Eastep hinten ml; Dan Kenyon vorne ul; David Roth vorne u **Barnabas & Anabel Kindersley:** Rücken o, vorne u; **Magnum:** Peter Ma low vorne m; Chris Steele-Perkins vorne mr; **Still Pictures:** Hirim Schwarzbach hinten r; **© UNICEF:** Nancy McGirr hinten l.

Alle anderen Abbildungen © Dorling Kindersley.

Weitere Informationen unter: www.dkimages.com